YOU DESERVE
TO BE SEEN

你值得被看见

80%的人都输在不敢勇敢表达

[美] 莉尔·朗兹 著
郑焕升 译

民主与建设出版社
·北京·

© 民主与建设出版社，2022

图书在版编目（CIP）数据

你值得被看见：80% 的人都输在不敢勇敢表达 /（美）莉尔·朗兹著；郑焕升译 . -- 北京：民主与建设出版社，2022.11

书名原文：GOOD-BYE TO SHY: 85 SHYBUSTERS THAT WORK!

ISBN 978-7-5139-4033-7

Ⅰ.①你… Ⅱ.①莉… ②郑… Ⅲ.①人际关系学 - 通俗读物 Ⅳ.① C912.11-49

中国版本图书馆 CIP 数据核字（2022）第 218989 号

GOOD-BYE TO SHY: 85 SHYBUSTERS THAT WORK! BY LEIL LOWNDES
Copyright: © 2006 BY LEIL LOWNDES
This edition arranged with Jill Grinberg Literary Management, LLC
through BIG APPLE AGENCY, INC., LABUAN, MALAYSIA.
Simplified Chinese edition copyright:
2023 Beijing Zito Books Co., Ltd.
All rights reserved.

著作权合同登记号：01-2023-1133

你值得被看见：80% 的人都输在不敢勇敢表达
NI ZHIDE BEI KANJIAN　　80% DE REN DOU SHUZAI BUGAN YONGGAN BIAODA

著　　者	［美］莉尔·朗兹
译　　者	郑焕升
责任编辑	郎培培
封面设计	紫图图书ZITO®
出版发行	民主与建设出版社有限责任公司
电　　话	（010）59417747　59419778
社　　址	北京市海淀区西三环中路 10 号望海楼 E 座 7 层
邮　　编	100142
印　　刷	艺堂印刷（天津）有限公司
版　　次	2022 年 11 月第 1 版
印　　次	2023 年 6 月第 1 次印刷
开　　本	889 毫米 ×1230 毫米　　1/32
印　　张	10.25
字　　数	203 千字
书　　号	ISBN 978-7-5139-4033-7
定　　价	59.90 元

注：如有印、装质量问题，请与出版社联系。

前言
PREFACE

害怕见人、不敢表达的焦虑和痛苦

害怕社交、害羞，就如同一种诅咒，它让我觉得不论在谁的世界里，我都是个不速之客。害羞是我认为最糟糕的一种性格，任何其他性格都比它要好。我宁可讨人厌，宁可粗鲁一点儿，也不想害羞。害羞的人很痛苦，而讨人厌或粗鲁的人起码自我感觉还蛮开心的。

——戴夫·B.特雷多，俄亥俄州

想想你爷爷奶奶的时代，那时没有什么网络社交，因为发明网络社交的人还没出生呢。当时英文里的"pick up"也没有"搭讪"的意思，这个动词词组的后面接的不会是女生，而是你的臭袜子。所以，如果当年你的奶奶很矜持，爷爷很宅，那你今天就没这个机会在这里读我的作品了。

科技让我们的生活日新月异，但对害羞的人来说，这几十年算是白活了——依旧害怕见人，不敢表达。好心的亲戚朋友会说："就勉强一下嘛……难得有活动，就去参加啊……约他出去啊……主动撩他啊……向老板提加薪啊……去跟大家聊天啊……开会时有意见就举手说啊……"

他们说得容易，可他们知道我想让人看见却又害羞的痛苦吗？知道我有时候多想隐身吗？知道我因为怕说错话想不到该说什么吗？知道我脑子里一堆梗，但没有勇气说出口吗？不过话说回来，你知道自己很有料，你知道自己只要能甩开横在面前的"害羞"，一切都会变好，你的人生不但可以重启，甚至可以开挂。

我知道害羞、不敢见人的痛苦，因为我本人就经历过这种痛苦。即使那会儿已经步入社会，我还是会一遇到陌生人就一脸惨白。我记得当时在社交场合我一般都是"壁花"，衣服可以融入墙壁的颜色，是我最大的愿望。

如果那时候有这本书就好了，现在各位能看到这本书也算是了了我的一个心愿。

任何人？
对，事实上你确实可以让任何人看见你

20 世纪 40 年代的科学研究给人类送来一项大礼，使得数

百万人免于死亡,这礼物不是别的,就是大名鼎鼎的盘尼西林。近年来的研究则给了我们另一个堪与盘尼西林比拟的礼物,这份礼物可以使数百万人免于害羞、不敢见人的痛苦。这份礼物,是集社会学、心理学、遗传学、生物学、生理学与药学精英的尖端研究成果。

害羞的研究几乎可以跟下面几个人名画上等号,其中包括菲利普·津巴多(Philip George Zimbardo)[1]、伯纳德·卡尔杜奇(Bernardo Carducci)[2]、杰罗姆·凯根(Jerome Kagan)[3],还有其他几位。我对他们除了感激还是感激,你若去读他们的深入研究著作一定可以获益良多。本书的内容皆来自医学与心理卫生领域的专门研究,以他们的研究为本,我研究出了85剂"退羞特效药",也就是85个可以斩断或至少控制住害羞的技巧。如果你想从源头深究特定的技巧,不妨看看参考资料。

只要投入时间练习,这些"退羞特效药"很快就可以让你大方见人。我敢这么说,是因为我十几岁的时候也特别害羞,大门不出二门不迈。但现在的我是个自信十足的女人,既能全美国巡回演讲,也可以接受媒体专访,出席活动、深入人群更是如鱼得水。如果"退羞特效药"对我这种连看到自己影子也

---

[1] 菲利普·津巴多:美国心理学家,斯坦福大学退休教授,美国心理学会(APA)前主席,以斯坦福监狱实验而闻名,著有《心理学与生活》等书。
[2] 伯纳德·卡尔杜奇:印第安那大学东南分校害羞研究中心的教授,专门研究害羞心理。
[3] 杰罗姆·凯根:哈佛大学心理学名誉教授,被誉为20世纪最有影响力的心理学家之一。

会害怕的人都有用,那对你来说也一定有用!

在你开始阅读本书之前,我想先提醒几件事情。近期药理学上有许多重大突破可以帮助人缓解心理症状,在我还很害羞、不敢见人的时候,心病是没药医的,所以我只能靠自己走出来,这本书主要也是希望帮助那些不想借助药物的人。当然,如果你已经在看心理医生,那还是谨遵医师指示服药,我并没有资格越俎代庖。

对想靠自己的朋友来缓解心理症状的,我有几点阅读前的建议。首先,请按部就班读完本书,这样你才知道每个技巧的重要性,才不会错过什么好招。其次,对你来说特别困难的练习,可以放在后边,由浅入深,由易而难。好了,现在开始吧!

对了,还有请不要跳过第十一章。你对自身的害羞可能有很多疑问,这部分能给你很多很棒的答案。如果你的孩子很害羞,或者你有这样的疑虑,你也可以在这本书里找到对策。

不被看见时先改变自己

小时候我是个好奇宝宝,喜欢打破砂锅问到底:天为什么是蓝的?夏娃有肚脐眼吗?吐司发明前大家吃什么?

但"我为什么害羞、不敢见人"本不在我的问题之列,因为我觉得为什么不重要,重要的是有没有"特效药"。但身为过来人,我现在觉得知道为什么很重要,因为知道病因才能对症下药。

我听过害羞、不敢见人的人说：

"一定是爸妈的关系。"
"邻居的小孩很讨厌，会给我取绰号，都是因为他们，我才这样的。"
"我觉得是遗传。"

后面我们会讲到通过哪些蛛丝马迹，你可以知道自己为什么害羞。但在那之前，我想引用一位很会演戏，也很有想法的女艺人的名言，她一辈子都在跟害羞对抗。

我们受的教育是怪父母，怪兄弟姐妹，怪学校，怪老师，你会怨天尤人怪东怪西，就是不怪自己，自己一点儿错都没有。但你确实错了，一路以来都错，因为能改变你的只有你自己，不是吗？

——凯瑟琳·赫本

害羞看起来表现都一样，成因却五花八门，这点我们后面会讲，然后你会知道自己属于哪一种害羞类型。比方说你可能是"高敏感型害羞"（Highly Sensitive Shy, HSS），即天生的；也可能是"情境型害羞"（Situational Shy, SS），即后天受到父母或个人经验的影响。

我把较关键的部分放到本书的最后，是因为如果你跟从前的我一样害羞，那你应该会比较想先知道解药，至于病因则可以延缓。所以，若能先读一下害羞的成因，那么你对化解之道确实可以吸收得更好。

那些曾经不被看见的人们

本书中会有很多来自我自身的切肤之痛与其他害羞、不被看见的"病友"的亲身体验，还有一些是研讨会上与会者的分享。说到研讨会，我本来以为找为此所苦的人来讨论害羞，跟找怕老虎的人到虎笼里聊老虎是差不多的意思，没想到这些朋友不但愿意来，而且乍看之下还看不出他们哪里害羞，不敢让人看见。

我请这些与会者把他们的心路历程写信寄给我，因为我想让读者们也看看他们是怎么说的。另外我也整理了我其他拙作的回响及免费电子报精华，供本书读者参考，有兴趣的读者也可以到 lowndes.com 订阅我的免费电子报。书中我详列了分享者的大名，当中有人希望匿名，我也按他们的希望使用了假名。

最后我想说明一下书里用到的一些专有名词，以便于阅读。首先书里会不断出现"害羞者"跟"自信者"这两种人，而"嫌恶对象"则是会让你觉得害怕的人、事、物。然后为了读起来不那么费事，我会全部用"你"来代替他／她、他们／她们、有些害羞者、很多害羞者、多数害羞者、不敢见人者、不敢表达者等词，这样行文才不会太啰唆。当然大家不用每件事情都对号入座，我也绝对没有针对任何人的意思，因为书里所有的内容都是根据普遍的研究与统计而来的,所以我想说的是:别太在意这些细节,我说"你"不是真的指你。

好了,言归正传,我们一起来跟害羞说再见,让自己勇敢表达,让更多人看见我们。

我以前害羞到爆。我要么是没办法直视人,要么就是脸红得跟什么似的,压根不敢说话。有人是人来疯,我不仅是人来羞,甚至还会紧张到冒汗。没自信又看不起自己,我总觉得自己在别人面前矮一截。直到有一天我开始思考,我了解到我和谁比都不差,谁说我不好的?我了解到那些说我不好的人其实自己也不怎么样,他们有什么资格说我?我干吗把他们说的话那么当回事?他们没资格说我。

——东尼,澳大利亚

目录 CONTENTS

01 chapter 走进自己的内心：你到底在怕什么？

- 003　我该告诉别人我的社交焦虑吗？
- 008　说话说一半即可，巧妙摆脱尴尬处境
- 011　如何克服脸红、出汗，大方地让人看见？
- 014　消极的心理暗示，是你不被看见的幕后推手
- 018　亮出自己的优点，你会成为全场的焦点

02 chapter 不被看见的最大障碍：别人的看法

- 023　别人能看出来我的社交恐惧吗？
- 028　摘下你的有色眼镜
- 031　不要事后回忆当时的囧相
- 038　远离贬损你的人
- 041　不玩愚蠢的游戏
- 044　多观察别人，少思考自己
- 048　回忆并没有那么糟

目录 CONTENTS

03 chapter 让人看见你的三步走行动指南

- 053　第一步：拒绝逃避
- 058　第二步：找到适合你的"渐进式暴露疗法"
- 069　第三步：出门前先给自信"热个身"

04 chapter 七个入门级技巧，让世界看到充满自信的你

- 075　嗨 10 秒钟，能让你元气满满一整天
- 078　想让人看见你，先装出自信的样子
- 083　训练自己直视他人的眼神
- 089　提升眼神接触的质与量
- 095　用阳光的笑容卸下对方的心防
- 100　微笑，并且欣赏、赞美别人
- 106　不要退缩，你马上就能勇敢表达了

05 chapter 四个特效级技巧，让你突破自我，勇敢表达

113　戴上面具，放内心出来"透个气"
117　兼职，跳出自己熟悉的环境
120　去陌生的地方和陌生人交谈
123　把自己打扮得靓丽动人

06 chapter 职场中如何让人看见你，获取职场机遇？

129　残酷的职场，要么出众，要么出局
134　如何在面试中，让HR一眼看中你？

07 chapter 社交场合，让你想认识谁就认识谁

139　遇到聚会不要怕，积极参加

145	杜绝这些拒人于千里之外的姿态
147	找一个外向的朋友一起参加
152	别踏入"喝酒壮胆"的误区

08 chapter 让人看见你的语言技巧

159	主动问好会给你加分不少
163	足够的热情能让对话更加精彩
165	被询问职业是表现自己的绝佳时刻
167	声音要洪亮,讲话要清晰
169	详细的回答,是用心的表现之一
173	称呼别人的名字需注意次数和时机
176	关注热门话题和八卦消息,谈话更默契
178	主动发起话题,当一天的意见领袖
181	征询对方的意见,好人缘手到擒来
183	倾听、点头、微笑,就对了!
188	坚持你所热爱的,别人终将发现你

目录 CONTENTS

09 chapter 七个大师级技巧，让你成为人群中的灵魂人物

- 197　渐进式搭讪
- 200　加入午餐闲聊组织
- 202　拿商场里的售货员练手
- 204　养一只显眼的宠物，通过它交友
- 207　为明天的社交活动提前做好演练
- 212　尝试表演话剧，锻炼展现自我的能力
- 218　多听正面的声音

10 chapter 如何让TA看见你，对你欲罢不能？

- 223　主动发起第二次约会
- 230　目光＋笑容，让TA无法抗拒的绝招
- 238　撩"正主"之前，可以先找人练手
- 243　解疑：是否选择网络交友？
- 247　先从共同话题聊起
- 252　浪漫的小招式

目录 CONTENTS

255　　外在打扮
259　　禁忌：别用性来获得爱

11 chapter　不敢让人看见，和家庭有关吗？

265　　为什么我天生就不敢让人看见？
272　　这是遗传导致的吗？
274　　后天的经历如何影响我？
277　　过去的痛苦让你不想被看见
282　　父母的溺爱

12 chapter　探索自我之旅

291　　每天花5分钟认识自己
296　　愿你能勇敢自在表达

301　　附录
309　　致谢

01
chapter

走进自己的内心：
你到底在怕什么？

好了，你会说："我知道有天我会醒过来，害羞、害怕见人、不敢表达的日子会像流星一样短暂，但话说回来，我需要把书里所有的技巧都用完才能跟害羞说再见吗？"

当然，就跟所有值得努力的目标一样，一分耕耘一分收获是不变的真理，自信也需要拿时间去交换。但好消息是：成功的曲目演到最终章之前，你可以先看看自己在害怕什么，并且有四种方法可以先用来挡一挡，这样一方面你可以马上不怕见人，另一方面还有三种方法可以安抚自己，这样你的心跳就不会再随时随地都那么快了。

我该告诉别人我的社交焦虑吗？

因为害羞，所以不被看见

想让人看见的第一步是破除害怕见人的焦虑。

我们几乎都有过这样的经历，亲朋好友或用心良苦的叔伯姨婶，他们会眉飞色舞地建议："你就直说自己害羞就好，说出来会好一点儿。"

人家一番好意，你于是仔细琢磨起几种场景：

我如果真这么说，得到的回应该不会是："原来你是一个容易害羞的人啊。那一定很辛苦吧？我们当好朋友吧！我们一起来克服它！"

不会有这么好的事。

如果跟交往的对象坦承自己害羞，你的他或她该不会说："这真是太好了，我就超级喜欢害羞的人，我们出去约会吧，把你怎么个害羞法全部说给我听。"

想太多。

这么想过一遍以后，你决定绝口不提害羞。

说到害羞，三缄其口是明智的。经验告诉我，你如果真的把害羞的事情说出来，首先会听到的是扑哧一笑，然后是一句"你啊，你哪里害羞啦？完全看不出来。我是说你很有礼貌，很客气啊"。你知道的就是那一套，一天到晚随时可以听到的那一套。那只会让你更加不敢见人。

说到这里，我想插入一件事，一件很重要的事情，那就是如果你此刻在接受专业的治疗，有固定的心理医师与固定的疗法，请你以专业的治疗为主。如果医生说的跟书里写的不一样，那就请听医生的。毕竟书里说的是普遍的状况，但个人会存在差异，医生的临床判断更为重要。

作为一名研究生，我平日也当老师赚取生活费。表面上我不害羞，但我内心深受其苦，走路远远看到熟人我都会绕路，只为了不要跟他们碰面说话。在一群人里，我会一声不吭地坐着，有意见也不说，只是把耳朵开着听其他人你一言我一语。我跟人说过自己害羞，有人笑却没人当真，没人知道我内心的痛苦。

——安洁拉，阿肯色州

我自曝秘密的那天

高中时我妈很担心我没自信从而没朋友。一个星期天吃完晚餐后，她好心建议我应该把自己害羞、不敢见人的事情说给其他女性朋友知道。

什么，自曝害羞？那不就跟打拳击的把脸迎上去给人打一样。说真的，拳击里确实有这种技巧，而且有用，问题是我现在是在过日子而不是打拳击，自曝害羞只会让我被打趴在地上听着裁判倒数。

"答应我，莉尔，你要试着告诉别人。"
"妈，我做不到呀。"
我说完看见她一脸失望的表情。
"好吧，我答应你就是了。"

那天晚上，失眠的我两眼瞪着天花板，不争气地哭了，担心着要怎么诉说自己那"不可告人的秘密"。

不知道是不是错觉，第二天，天亮得特别早，我在去上体育课的路上想：这件事拖也不可能拖一辈子，择日不如撞日，于是我像诺曼底登陆艇打开舱门一样进了更衣室。映入眼帘的不是别人，正是班上的"白雪公主"潘妮洛普，于是我们边换体育服，边用她最拿手的运动热身。话说她打得一套好八卦拳，不对，是说得一口好八卦，而闲聊是我最不擅长的。

不要随意告诉别人你害羞，
别人可能手足无措

"嘿，莉尔，周末过得怎么样？"

她简单的一句话，让我的大脑立刻进入最高防御等级。怎么办，怎么办，要跟她实话实说我一个人宅在家吗？还是应该打肿脸充胖子说"很棒啊"？嗯，还是不要挖坑给自己跳，万一她追问我棒在哪里，怎么办？

就在这短短的一句问话之后，我的思考时间已经长得不自然，面对她时速高达 200 千米的"发球"，我只能勉强把"球"打回去，而且姿势有点儿难看。"嗯，还可以。"

当然，事情不会如我想的那么简单，她果然"上网"狠狠杀了个球。"还可以是什么意思？"

这下子我真的被逼上绝路了，我的选项只剩下"骗下去"或"招出来"。想到答应妈妈的事情，我决定招了。

我像低头族一样看着我的手机，不对，是看着球鞋，我脸红地说出"我害羞"。她倒是没料到我会这么说，但在小小惊讶之余还是力道十足地反击说："你？害羞？你哪里害羞？我看你跟我讲起话来也是头头是道啊……嗯，好吧，先这样吧。"说完她匆匆朝着教室方向前进，准备去上课。

对此我有点儿不知道该做何解，更不知道自己的选择是错是对。

但这件事并没有变成悬案。几乎刚好 24 个小时后，我又去上体育课，跟我同班的女孩们又在储物柜前面叽叽喳喳。"嗨，莉尔，"一个声音从更衣室的另外一头传来，"听说你害羞？真的吗？"

这话就像一记重拳打在我的肚子上。我还没站稳脚步，又一个甜美的少女口无遮拦："你有什么好害羞的啊？"

我立刻语焉不详起来，结结巴巴地说觉得自己不舒服，便狼狈地逃出了更衣室，紧接着爬上楼，躲到一间空教室里哭。那天的午餐我饿着肚子，什么胃口也没有，我唯一感觉到的只有难过。

这一段回忆已成往事，我不觉得当时的同学有多坏，说不定她们还是好意想让我觉得害羞没什么，也算是一种安慰。但词不达意是人的通病，她们有反应也代表她们在乎你。同学的话语可能当时觉得会有一些伤人，但总好过无视。

Shybusters 技巧1

不要到处告诉别人你害羞

一般来说，除非医生有特别指示，否则不要跟别人说你害羞，亲友才是你该倾诉的对象。

说话说一半即可，
巧妙摆脱尴尬处境

害羞的时候如何处理人际关系

世界上唯一没有例外的事情就是例外，"不要到处讲"也不例外。有时候你必须面对才行。

朋友邀请友人到她家看金像奖颁奖典礼转播，不同的人负责不同的工作。有人负责买奶酪和饼干，有人负责布置场地，有人准备喝的，你的工作则是打电话问人要不要来。

问题来了，害羞的你不敢给不熟的人打电话，于是你陷入了两难，不知到底该坦白还是继续纠结怎样打这些电话。

其实还有第三个选择：中庸之道，意思是你话说一半就好。你可以半开玩笑说"人家会害羞的"，然后用哈哈带过的方式让朋友听着不那么难受，但又明白你想讲什么。不要让人觉得你是怕麻烦而不想处理。

遇到这种情况，即使这件事对你来说再怎么像伏地魔一样难以应对，你也只能当一回哈利·波特[1]了。重点是咬字要清楚但态度要轻松，你可以说："嗯，一天之内要给这么多新朋友打电话，人家会害羞啦。"或者说："你如果是我，你就会知道什么叫生不如死。"这样说完后你可以赶紧表示自己其他的事情都愿意做。

> **Shybusters 技巧 2**
>
> **一皮天下无难事，伸手不打笑脸人**
>
> 遇到一些害羞、不敢表达的事情，但又不想让人觉得你在逃避责任时，第一选择是说出来，但不要太直接。你可以用哈哈的语气或说话的速度去中和信息的强度，一句话讲完，千万不要多说。

先发制人，讲清自己的性格

先讲先赢也是一招。有时候忙一件事的就只有几个人，先

---

[1] 伏地魔、哈利·波特：英国作家J.K.罗琳的魔幻小说《哈利·波特》中的角色。两人是敌对的关系。

把话讲清楚对大家都好，但也要挑时间，以不会尴尬为前提。闲聊时，你可以先问他们害不害羞，然后话题带到你自己。不过有一点，记得笑着说，放轻松说。

切忌板着个脸，要让对方感觉你害羞归害羞，但自我感觉还是不错的，否则会给人一个坏印象。说话的内容是配角，肢体语言与说话的语气、音调才是主角，这是常识。

> **Shybusters 技巧3**
>
> **举重若轻提及自己的害羞性格**
>
> 把握切入害羞话题的闲聊时机，然后不经意提到自己害羞，点到为止，别纠缠这个问题，别给听的人造成负担。让人知道你害羞但不觉得沉重是一种"无形的资产"，之后你一定能找机会用得上。比如有什么事不想做，什么地方不想去的，笑着说："人家会害羞的，不是说过了吗？"这样说绝对完胜板着脸说："办不到，我害羞。"

这招当然不是长久之计，也不是要你逃避。但这绝对是不错的缓兵之计，可以帮你争取时间把信心恢复，从而敢于表达，让人看见。

如何克服脸红、出汗，大方地让人看见？

想让人看见的人会遇到几个难题：冒汗、脸红，还有类似把"害羞"两个大字写满全身的症状。他们常常因为觉得自己反正瞒不了，干脆说出来，但我送他们弗洛伊德爱用的3个字：不、需、要。有时候流汗只是因为热，脸红只是血液循环好，大家不用想太多。

你最多可以和他们提你的脸怎么那么容易红，或者是汗怎么流那么多，但不用非把这些状况跟害羞绑在一起。害羞，那是什么，能吃吗？

用幽默包容一切

脸红、心跳加速、冒冷汗、手心出汗，不是你的专利，很多很有自信的人也会这样，我有个客人，他是某企业的CEO（首席执行官），一样有脸红的问题。

这位 CEO 叫柏纳，经常应邀参加电视节目谈财经，而这是很容易让人脸红的。柏纳自知脸红是一定的，但他并不引以为耻，一点儿也不，对此他甚至有点儿乐此不疲。

每次他到电视台参加节目，大厅接待他的员工都会用麦克风广播："呼叫化妆师，呼叫所有化妆师，粉底要带够，脸红大师柏纳来了。"

走进大厅的柏纳会一路被笑，连他自己都会笑。"早啊，红孩儿！""哎，柏纳，你来上玫瑰之夜了。"这些人不是嘲笑，而是知道柏纳开得起玩笑。柏纳早就大大方方说过自己的特异功能是脸红。他笑道："我老婆怕脸红，所以我就代她来受这个罪。"

身为脸红专家，柏纳觉得还挺光荣的。脸红的一些知识你不得不知：脸红是会遗传的，但小孩子不会脸红；51% 的人会脸红，这当中很多人并不害羞；还有就是脸红是不分肤色的。

不过话说回来，肤色深的人脸红确实不容易被看出来，所以柏纳会开玩笑说自己很羡慕公司的财务长乔蓝。"乔蓝比我还容易脸红好吗，只是他有美国原住民的血统，所以大家都被他给骗了！"柏纳会故作气愤地说。

你有手心出汗的问题吗？在跟人握手前，你可以开玩笑说："等等，让我先把手擦干，不然你握完手还得去洗手。"或者你可以说："你确定要跟我握手吗？我的手一直很湿，不要说我没提醒你。"强调"一直"，这样人家就不会联想到你的手心出汗跟害羞有关。

有些准备可以在家先做。我的经验是可以用止汗剂跟痱子粉，不需要多，跟发胶一样一点点就够，效果肯定让你满意，但这绝招不要到处说。

> **Shybusters 技巧 4**
>
> **自嘲是把刀，**
> **拿它完美切割你的外表与内心**
>
> 　　如果知道自己的害羞会露馅，会表现出来，不妨把幽默感当成自己的保护色，告诉别人自己会脸红、冒汗、全身发热，算是事先打个预防针，但不用提害羞跟这些症状有任何关系。

消极的心理暗示，
是你不被看见的幕后推手

别给自己贴标签

如果想让人看见，千万别在脸上写上"我害羞"，然后去逛大街，因为你连说都不该说，连提都不能提，这是你不能说的秘密。再说，谁能定义害羞，你说自己害羞就害羞，谁给你这个权威？人何其复杂，个性好恶无一能够量化。给自己贴上害羞的标签只能是太过武断，只能让你其他的特质遭到忽视。

说自己害羞还有一个风险，那就是像诅咒一样让自己想不害羞都不行。昭告天下你害羞，别人可能听听就罢了，但你自己就更加不敢见人了。

标签让我封嗓

我不觉得自己是美声天后的料,但是我现在会这么惜声如金,主要还是七年级的时候有人用标签封了我的嗓。那之后我再没唱过一个音。

话说七年级的我曾经是唱诗班的一员。有一天下午,我练唱特别不顺,唱诗班的魔鬼老师用锐利的眼神狠狠地瞪向我的方向说:"谁走音!那个人不用唱了,做嘴型就好。"他说的自然是我,于是从那天起,我唱歌就像"感冒"的乌鸦,几乎听不到声音。就算到了今天,我也不唱歌,包括生日快乐歌,就连嘴巴跟着动都让我如坐针毡。

几年前,我跟一个知道我有这个心结的老同学一起听收音机,广播里播的是我六年级时唱的流行歌。听着听着我一时兴起哼了起来,唯一的听众(我同学)一听大惊。

"莉尔,你很会唱嘛!"
"怎么说?"
"你音很准啊。"
"真的吗?"
"当然是真的。"

就这样半信半疑,我又试了几首小时候的流行歌,结果同学没有骗我,我真的能唱,但真正震撼的事是以唱诗班老师点我的名为界,之后的歌我都掌握不了音准,完全是一个音痴。

唱诗班老师给我贴了个音痴的标签，于是我就真的成了音痴，这并非我天生如此，而是后天的诅咒。

多一件行李罢了

美国残疾人协会（The American Association of People with Disabilities）最坚持的，就是成员不可以给自己贴上"残障"的烙印。他们是对的，他们主张"坐轮椅跟残障没有关系"，轮椅上的人跟正常人一样健全，只不过出门要多带一件叫作"身心障碍"的行李，而轮椅就是用来装那行李的工具。使用像"残废""残障"这类伤人的说法，你会被协会的会员们打死。

同样的道理，你不害羞，不要说自己害羞。想象着你是个信心满满的人，只是多带了一件行李罢了，这行李叫害羞也好，

Shybusters 技巧 5

害羞不能对人说，也不能在心里想

我们内心都有小剧场，剧场里有个声音在对你说话，这声音说话可能很不客气，可能很伤人，请你不要理会这声音。绝对不要对自己说"我害羞"，你应该告诉自己的是"特效药在起作用了，我很快就会有自信了"。

叫什么也罢，抵达目的地，你就会将之放下。

在我身边不要提"害羞"

被说害羞不仅对小孩子杀伤力十足，大人也不见得受得了。试想，就算你漂亮得像天仙或者帅到爆，只要有足够多的人说你丑，说久了你也会相信。所以，你不仅应该叫自己内心的小魔鬼闭嘴，也应该对身边的人下禁口令，谁都不准在你面前说害羞。在这件事情上，对父母、兄弟、姐妹、孩子、七大姑八大姨、同学等全部适用，没有情面可讲。当着你的面，就是不能说你害羞——背后讲也不行。

Shybusters 技巧 6

不准亲友说你害羞

每次有人说"别害羞嘛"或问"你怎么这么害羞"，他们其实是在挖坑给你跳。有些人没有恶意，他们甚至觉得是想帮你，这时他们会补一句："你很棒啊，没有什么好害羞的啊。"但他们这样其实是在害你。如果你是辗转听到他们跟别人说你害羞，那就更可恶了。想一种你会想大骂的东西，把这东西换成"害羞"，然后绝对不要让这东西在你身边出现。

亮出自己的优点，
你会成为全场的焦点

山不转路转

虽然在唱诗班老师摧毁了我所有的音乐细胞之后，我还是摆脱了害羞，成功让所有人看见我，但可怕的后遗症还在，我现在遇到身边一堆人在唱歌的场合，还是很不自在。

我决心给这样的痛画下休止符，让我就算是对嘴型也可以对得很开心。我坐了下来，备好纸笔，列出了自己的许多优点，希望这些优点可以让我唱歌尽管像"感冒"的乌鸦，还是可以手握麦克风乐此不疲。

这就得说到音乐剧里的一个术语，叫把歌"销出去"，意思是有些音乐剧演员不见得那么会唱，但是他们懂得用表情与台风"电"翻台下的观众。

嘿，我灵光一闪，我就可以用这一招啊！我可以用我的电眼加上微笑去颠倒众生，须知现在的我已经不怕给人看，也很能展现幽默感,甚至可以说有点爱表现(状态显示为害羞已经根治)。换句话说,我或许不能"唱"歌,但我可以"卖"歌,把歌给我,我"销"得出去,这就是我说的"山不转路转"。

见真章的时刻终于到了。有天晚上好朋友在餐厅过生日,大家都到了,突然间灯光暗了下来,蛋糕师傅亲自推着比他帽子还高的蛋糕进场,所有人一拥而上唱起生日快乐歌。

包括我。我可是火力全开!在"唱"的过程中我把牙齿全露了出来,毫不吝惜展现大大的笑容,甚至开玩笑地指挥起大家,没人怀疑我其实没有唱出任何声音。

以最好的一面示人

假设有个聚会你必须得去,你想让人看见却又因为害羞有些焦虑,你怎么办?这时你可以学我提笔列出自己的优点,就像下面这样:

1. 我穿衣服很有品位。
2. 我爱看电影,首映几乎都不会放过。
3. 我会马术,给我匹马我有办法让它动。
4. 很多人说过我的牙齿很整齐。

都列出来之后,思考这些优点怎样应用在各个场合。比方说:

1. 穿着品位：我可以打扮得漂漂亮亮去参加活动，抢尽现场目光。

2. 电影知识：我可以问别人最近喜欢什么电影，然后旁征博引。

3. 高超马术：我可以问别人喜欢什么户外运动，然后带到马术的话题上。

4. 整齐牙齿：我会咧嘴多笑。

对抗焦虑，以优点示人是神兵利器。

Shybusters 技巧7

以优点示人，列张"替代道路"清单

卖东西的人不会没有计划就出门忽悠人，忽悠人不好，但你可以跟他们学学计划。下次有活动要参加但感觉焦虑时，不妨提笔写下自己的优点，然后评估一下自己怎样才能成为现场的亮点。

02 chapter

不被看见的最大障碍:
别人的看法

想让人看见你需要跨过的最大一关,就是别人对你的评价。前面教了你缓兵之计,让你可以争取时间改善自己;教了你开口、闭口的时机,让你知道哪些东西不仅不能讲出来公之于众,更不能心中默念自我暗示;还教了对抗害羞的各种办法,让你了解你有哪些替代道路可行。

接着,我们要谈的是别人对你的真实版评价。

如果你被人说"你彻底搞错了",应该没人笑得出来。但凡事都有例外,如果我告诉你所有人对你的评价"都是错误的",包括你自己对自己的评价,你会怎么想?

到底是什么情形?让我们继续看下去。

别人能看出来我的社交恐惧吗？

大家都在笑我？

你可能以为自己的额头上有几个大字，上面写的是"警告：此人患有社交恐惧症（俗名害羞）"。从这样的"以为"出发，你会进一步以为别人都在笑你，或是都想要躲你，从而不敢让人看见。很多害羞宝宝一遇到别人目光移到他们身上，一遇到有人问他们问题，甚至一遇到有人朝他们笑，就会立刻往坏的方面想，就会以为又是有人想嘲笑他们，而这，真的是误会大了！

你常见的想法有：

这人干吗说话这么客气？大概是觉得我害羞很可怜吧。

他干吗问我问题？可能是想看看我会不会害羞到不敢回答吧。

看这人的样子应该是看我害羞觉得不顺眼吧，还是他想让我出丑？

你觉得自己分分秒秒都在受审,陪审团就是身边的人。其实,正常人都不会注意其他人害不害羞,包括你自己。那他们在想什么?你会问。答案是:没错,大家都想着自己。

父亲帮助我走出害羞,只跟我说了一件事情,那年我14岁。他说正常人只会想自己的事情,根本不会有那么多心思放在你身上。我立刻懂了,也马上遗憾自己怎么现在才懂这么简单的道理、这么明显的事情。

——潘南,英国伦敦

心怦怦跳,像在打鼓一样的瞬间,如果我告诉你别人听不到,你会觉得我在骗你。"别人怎么可能看不到我脸红得像煮熟的龙虾一样?"你会这样想。但事实一而再、再而三证明,害羞不是什么很明显的事情,反推回去,搞不好别人害羞而你也被蒙在鼓里。

经调查,西方国家有13%的人一辈子害羞,有80%的人说曾经有一阵子害羞,另外有40%的人说自己现在还是会担心别人怎么看自己。

——《精神医学文献》期刊
(*Archives of General Psychiatry*)

大说谎家

　　有些害羞宝宝很会演戏，可以用演技掩盖掉自己的羞赧，轻松让人看见他们。我主持的害羞研讨会地点常常在饭店，同时间往往还会有其他的研讨会在进行。有时候我会看到几个感觉相当外向的人排队报到，他们会跟一起排队的人聊天，会跟办理报名程序的工作人员开玩笑。遇到这样的人，生性多疑的我会上前问他们有没有走错会场，但我得到的是灿烂的笑容与再三的确定保证。

　　一开始我还是觉得疑惑，但随着研讨会的进行，我开始发现刚刚笑容灿烂的那些人并不如外表所显示的那么有自信。事实上，他们简直是害羞到不行。排队时的他们只是在演戏，而且演得很好。没人看得出来他们内心的挣扎，毕竟表面上他们完全可以融入人群。外表信心十足，不代表他们内心不会超级敏感，搞不好他们内心之纠结无法向外人言说。就算是笑着、聊着，他们其实还是心心念念惦记着别人怎么想他们，那是一种折磨、一种酷刑。

　　我属于"非典型"害羞。我32岁，外表看起来自信，好交朋友；其中好交朋友倒是没错，但自信我就没那么笃定了。在外面遇到新朋友，我会大声地说"嗨"，但是这之后我就会莫名地紧张起来，然后就会明明很想聊下去，却怎么也没办法跟人好好说话。可以说，在陌生人面前我总有些不自在。我的朋友或同事会说我大方果断，但我内心其实很软弱，就像棉花糖一样软。粉饰太平让我精疲力尽，还有手心出汗也很要命！

——麦可，英国伦敦

"大说谎家"看起来信心满满，元气十足，但就是因为这样，他们的苦楚更甚于一般的害羞宝宝。怎么说呢？在群体的眼中，这些人是可以倚赖的，是有活动时扮演重要角色的人，他们应该是开心果，应该是干部，应该是要担大任的人。但是内心的羞怯往往让他们裹足不前，推托再三，但你有多少借口可以编？有多少理由可以找？长此以往，朋友们会产生负面的联想，会不再信任你，会觉得你是虚伪的。

害羞有强烈的保护色

最近的研究证实了一件事，那就是不论你本身害羞也好，不害羞也罢，一般人都会被害羞宝宝的"拟态"或"保护色"所骗，或者我们可以说一般人都不具备很准确的"害羞雷达"。从社会学的研究里，我随机挑出了一份研究，研究对象是一群彼此关系紧密的人，精确一点儿说是一栋宿舍的48名大学生。他们平常会一起吃自助餐，也一起上课。校园的晨光中、图书馆阅览室的灯管下，乃至于周末的夜店里，都有他们相伴的身影。我想强调的是，这些同学彼此间非常熟。

研究者首先将学生"隔离侦讯"，好确立他们每个人害不害羞。这一准备工作完成后，研究者要每个学生评估其他同学的害羞程度。

出来的结果令人大吃一惊。研究人员发现有85%的学生没有发现私底下真正害羞同学的"卧底身份",反倒是有一部分自认自信过人的学生被同学误认为害羞。

你以为害羞像鼻头上的痘痘一样刺眼,一样明显吗?希望你没有拿钱去赌,因为研究显示你赢钱的概率顶多一成,也就是十赌九输。我想说的是,一般人根本看不出你害羞,就算瞎猫碰到死耗子被他们看出来了,你也不会因此被讨厌。正常人的反应是同情,而且会为你加油,希望你开朗起来。

下次你跟人聊天时如果害羞发作,记住,你的秘密很安全,没人看得出你害羞。害羞百分百是一种"隐疾",就像吃完麻辣锅隔天胃隐隐作痛一样。除非你手放在肚子上呻吟,否则没人知道红汤在你消化道里肆虐。

Shybusters 技巧 8

对自己说"没人知道我害羞"

我不是在安慰你,除非你像被灌了咖啡的公鸡一样抖个不停,否则没人知道你内心的恐惧。对自己下咒,对自己说:"如果朝夕相处的大学生都不知道彼此害不害羞,那萍水相逢的人何德何能可以知道我在想什么。"

摘下你的有色眼镜

跟人说话时,你的本能会想要隐藏自己的害羞,为此你会特意跟对方有眼神接触,不想让人知道你怕面对人。但即便你能做到这样,那也只是表面功夫,内心的感觉不可能消失。你内心依旧会想对方以为你是个白痴,觉得你的衣服像是捡来的,然后头发也梳得乱七八糟。你还是会觉得对方在暗地嘲笑你,更不用说事后会把你当成跟朋友茶余饭后的笑柄。

天啊,千万不要这么想,因为事实绝对不是这样。事实是对方根本不会那么在意你,更不会花这么多心思在你身上。人家只是和你闲聊,只是想有个对象说说话而已。就算十次有那么半次对方真的在观察你,也大概是想知道你怎么想他、看他。

我不是瞎说。一堆研究已经证实:害羞宝宝的小剧场,几乎都是自己想象出来的。只需明了这一点,你便能重整自信,勇敢表达,让自己被看见。

害羞宝宝会经常觉得别人讨厌他们,不是因为真的互动遭拒或言语挑衅，而是因为长久以来的自我催眠与记忆。这样的想法当然谈不上客观，因为害羞者都会往坏的地方想。

——《行为研究与治疗》期刊
（Behavioral Research and Therapy）

"他们讨厌我，我知道，我就是知道"

下面给你介绍一个很天才的研究。研究者花钱找来了专业的演员和摄影师，还准备了一些看起来怪怪的道具，然后研究者担任导演，让演员对着摄影机演戏，演的内容很简单，就是让演员对着镜头说"嗨"或"你好"，就像跟初次见面的新朋友打招呼一般。

研究者让三分之一的演员采取温暖的"我喜欢你"的态度，再三分之一的演员采取中性的表情，最后三分之一的演员则被要求流露出一副冷冰冰的"我不喜欢你"的感觉。

当然，足智多谋的研究者不会把研究的成败完全押在演员的演技上。为了确保科学上的准确性，研究者在第一组演员的面前准备了有香味的花束，通过这种方法来激发他们亲切与接纳的态度，相比之下第二组中性的演员身边则空空如也，至于第三组演员则得忍受与恶心至极、疑似呕吐物的东西相伴。

影片"杀青"后，研究者把成果放给一群实验对象看，实验对象中有自信者，也有害羞者，他们被要求把这个影片想象成这些演员第一次见到他们，在和他们打招呼的情形。他们用手中的笔，边看边记录他们认为影片中的人到底喜不喜欢他们。

结果呢？其中的害羞宝宝大多觉得第二组中性演员讨厌他们，甚至连笑容可掬的第一组都有一部分被误认为在排斥受试者。受试者唯一猜对的是第三组真的讨厌打招呼的对象。

受试者中的自信者则觉得多数人都喜欢他们，至少也是不讨厌。

所以结果很清楚了：大部分的时候，别人的拒绝都是你想象出来的。

> **Shybusters 技巧 9**
>
> **对不理性的自卑说"不"**
>
> 下次又遇到你觉得别人不喜欢你的时候，记得那很可能又是你的自卑感在作祟！其实只要内心戏别那么多就没事了。

学学自信的人，像他们一样拿掉有色眼镜，本能地往好处想，新朋友的一抹微笑、一点暖意、若有似无的靠近，请都当成是因你而起。自信不是一种天赋，而是一种选择，就像《圣经》里说的："寻找，就寻见。"

不要事后回忆当时的囧相

罗生门

面对人群,你是不是有摆脱不了的痛苦经验?好吧,我这是多余问的,哪个人没有?害羞宝宝们更是让自己下不了台的专家,而且现场尴尬完之后我们还会把事情带回家,像对一盘难吃的剩菜再三品尝:他说了什么,我又说了什么,他回我什么,我是如何地语无伦次……天啊。这盘永远吃不完的剩菜每解冻一次,感觉就更难以下咽一点儿,从而更不敢让人看见。

我在住宿学校里最好的朋友史黛拉,虽然很漂亮,但很不善于社交,跟我一样害羞得不得了。

我们就读的女校跟附近的男校每个月有一次例行舞会。我跟史黛拉不用说,每次都是躲在角落装酷。当时很多女同学都很喜欢一个叫尚恩的帅哥,而他暑假刚跟我们班上最受欢迎的女生分手,这对校内所有女性同胞来说当然是个天大的好消息。

那个学年的第一场舞会,在我跟史黛拉还在装傻不喜欢男生的时候,尚恩冷不防隔着人群把笑容像箭一样射了过来,接着人也慢慢走了过来,还故作正经地深深鞠了个躬。"小姐,我有这个荣幸请你跳支舞吗?"听他这么说,史黛拉差点呛到。

史黛拉的"惊吓"尚恩一定看出来了,因为他笑了,但他还是很绅士地牵起史黛拉的手,牵着她往舞池走去。我则躲到柱子后面偷瞄这对璧人。

跳着跳着,高个儿的尚恩好像注意到女伴的身后有个熟人,于是他道了个歉,说要去跟对方打个招呼。听他这么说,史黛拉的脸像冷掉的舒芙蕾[1]一下垮了下去,她快步跑来跟我会合,嘴里嚷嚷着:"莉尔,我们快点闪。"

"为什么?"我问。

"别问了,快溜,再不走就来不及了。"

悲剧都是自己想出来的

回到宿舍,史黛拉才崩溃。她哀怨地说:"我就知道会被他厌烦,我是个无聊的人,他对每个人应该都一样好吧,大概是他的每日一善吧,看我一个人很可怜才找我跳舞,让丑小鸭开心一下下。他应该早就有新女友了,刚刚大概是怕女朋友发现才赶紧落跑吧。要不然就是……"在史黛拉心里,那天的遭遇完全是一场灾难。

---

[1] 舒芙蕾:甜点,也被称为蛋奶酥。

苦于社交焦虑的个体会经常受到过往失败经验的无情打扰，每多回想一次，创伤就越深。

——《行为研究与治疗》期刊

就这样过了几个礼拜，有一天我跟史黛拉在一家便利店的柜台前狼吞虎咽着圣代冰激凌，突然史黛拉脸上毫无血色，苍白得像个鬼一样。坐在高脚椅上的她转过身，看着我，背对着门口。

"史黛拉，怎么了？"

"嘘，小声一点儿，他来了。"

"谁来了？他是谁？"

"他啊，尚恩，舞会上那个男生。"

我看了看，果然是尚恩，而且他还直直地朝着史黛拉走来。

他也看到我了，还作势叫我不要出声。

蹑手蹑脚的尚恩用手轻轻碰了史黛拉的马尾。"嗨，那天你怎么突然不见了？"

史黛拉呆住了，我替她回答说："嗯，你不是去跟朋友打招呼吗？后来我们八点半有事情。"

尚恩听着有点儿不解，然后开始说："我只是离开一下子啊，有个朋友让我还他的两百块钱，我去还钱而已，我怕他为了这两百块钱就再不相信人了，那我罪过可就大了。"

讲完，他转身笑着对史黛拉说："还完钱我还去拿了两人份的点心，没想到回过头你已经不见了。"他把手放在心上，一副好像心碎罗密欧的样子。

这时我很识相地假装看了一下表。"天啊，都几点了！我快迟到了，都忘记跟人有约了。"我当然没有约。

"什……什么约？"史黛拉结巴起来。

"笨蛋！就那个约啊。"我心想史黛拉也太老实了吧。

几个小时过去，史黛拉手舞足蹈地回到了宿舍。她说尚恩约了她下个星期六晚上出去约会。

不要灭自己威风

很不幸，史黛拉的桃花运没有维持太久。跟尚恩天雷勾动地火几个礼拜后，有一天，她跟我还有一些女性朋友共进午餐，其中梅根已经很久没见到史黛拉了，所以对她跟尚恩约会的事情显得特别好奇。但不论梅根如何逼供，史黛拉都说不记得了，被逼急了还开始对梅根大声说话。

回到宿舍后，我忍不住问了史黛拉："你怎么不向梅根说你和尚恩的事情？"

"莉尔，我没有不说，我是真的不记得细节了。"

"那你记得什么？"

她想了想："嗯，我记得他比我们先离开舞会。"

天啊，我真的要疯了。"咦？你怎么会这样以为？"

"我不知道啊。我想他大概是觉得我很无聊，就赶紧溜了吧。"

"史黛拉小姐，"我开始吼起来了，"你不记得他是去还朋友钱了吗？他喜欢你啊，他还主动约你出去了。"

史黛拉翻了个白眼。"但谁知道他是不是3分钟热度？"

史黛拉虽然是我的朋友，但她真的没救了。事情她都只记得坏的，不记得好的。惨的是她会不断在脑海中重播坏的版本，直到说服自己真的很糟，也只记得自己很糟为止。明明很优秀，却不敢表达，不敢展示自己。

对社交恐惧症患者而言，坏事如钻石般永恒，好事如云烟般短暂。

——《社交恐惧症：临床与研究观点》
（*Social Phobia:Clinical and Research Perspectives*）

没你想的那么糟

"坏印象"会不断获得强化，就像粥越煮越稠。害羞者会在阳光中找阴影，会在黄金中挑砂砾，会在接受中看到抗拒。他们无法客观看待与人的互动，相关的记忆也是不准确的。一转头，他们看到的是不存在的怪兽。

害羞者会把好事想得有点儿坏，把普通想得非常坏。

——《行为研究与治疗》期刊

月晕而风,础润而雨

害羞宝宝在还是学步宝宝时,即便记忆力有限,就已经开始凡事往坏处想了。在一篇名为《孩童视觉回忆的个体差异:智力与羞怯的影响力》(*Individual Differences in Children's Eyewitness Recall: The Influence of Intelligence and Shyness*)的研究里,教师先根据学童的智力与害羞程度进行评分,然后学童们会全体参加班上某位同学的生日宴会,宴会中有气球、蛋糕、礼物、生日快乐歌,完全都是小朋友会喜欢的东西。

一个礼拜后,研究人员测试了孩子们对宴会的记忆,问题包括:蛋糕长什么样子?你玩了什么游戏?那天好玩吗?大人甚至还穿插一些假问题来验证孩子们作答的有效性,比方说"小丑掉球好笑吗",但当天根本没有请小丑。

一叶障目,不见泰山

结果是,聪不聪明跟记忆的准确与否无关,真正关键的是小朋友的自信。自信一点儿的小朋友会觉得记忆中的派对很好玩,跟害羞的同学们比起来尤其如此。害羞的小朋友记住的尽是些负面的东西,跟自己有关系的坏事更是过目不忘。这就好像自信的小朋友是用2.0的视力在观察事情,而害羞宝宝的视力只有0.2,自卑让他们变得超级近视。

受社交焦虑症所苦的人面对愉快的过往，反应往往是遗忘或扭曲。

——《行为研究与治疗》期刊

这个研究的重点是：受试者都还是孩子。

害羞就是害羞，不分小孩或大人。害羞的人会钻牛角尖，会让事情在记忆中显得更加不堪。要让事情尽量接近真实，一个办法是用笔写下来，而且要快，要抢在你的自卑污染扩散之前写完，这样你记下来的东西才会比较客观。

Shybusters 技巧 10

当自己的史官

事情一发生就要趁热打铁，写下你当时的印象。日后如果觉得那天好像有点儿糗，就把记录翻出来看。如果记录里没提到什么糗不糗的，那就别再庸人自扰了，没有的事就别在那无中生有。

远离贬损你的人

你要我，我不要你

格鲁乔·马克思[1]（Groucho Marx）吸了一口手里的烟斗，说："愿意让我加入会员的团体，我都没兴趣。"我想很多不敢让人看见的宝宝若听到他这样说，一定会默默在心里点头如捣蒜吧，尤其是那些还在上学的学生。年轻人总是渴望加入那些不可一世的小团体，如果不得其门而入，他们就会觉得自己不够好，殊不知那些小团体也是自封的。

不由分说就把你挡在门外，这样的社团不值得你付出或难过。不要想方设法去加入他们，那样你是在作贱自己，只会打击你的信心，从而不敢表达，不敢让人看见。

有项名为"青少年初期人缘、友谊与情绪调整"（Popularity, Friendship, and Emotional Adjustment during Early Adolescence）

1　格鲁乔·马克思（1890—1977）：美国的喜剧演员与电影明星。

的研究发现,被景仰或爱慕的人拒绝,不论是真的被拒还是自己以为,都会影响你的自我感觉。这是人性。学童间会有地位高低,就像猕猴里也会分个第一第二。你可以随便找个小学一年级以上的孩子问句"班上谁的人缘最好""谁的人缘最差",他们一定会以迅雷不及掩耳的速度回答你。

但不幸的是,对尤其害羞的小孩来说,如果人缘排名掉出前十名外,他们的自我怀疑就会立马爆表。

小孩是这样,大人也好不到哪去,而且大人比小孩更容易"以为"。大人很容易以为自己被比较外向的人排挤或拒绝,在社团里、教会中或邻里间都不例外。

你可能欣赏某个朋友的个性、品位或交友圈。这时,如果这个朋友不邀你加入他或她的活动范围,不加你成为网络好友,你就会以为对方一定是因为你的某个缺点而不喜欢你,于是你的整个自我认知都会受到这点儿小事的波及。自我认知一旦遭到扭曲,就不是一天两天的事情。很可能你都不记得你所认为拒绝你的人的姓名和长相了,认知扭曲的影响却还在那里。

我就爱那些并不爱我的人

说到女人,男性同胞应该都对"得不到的永远最好"很有感觉。你走进宴会,一眼就看到一个十分漂亮的姑娘,接下来大半的时间你都在脑子里幻想要怎样搭讪。最后好不容易鼓起勇气,走上前去说了声"嗨",对方却撇过头去。

砰的一声，你的自尊像陨石撞月球一样摔碎一地。你幽幽地回到吧台一蹶不振，不仅没被人看见，而且更加不敢见人了。

在此刻，宴会上还有一个也挺可爱的姑娘一整晚都在默默欣赏着你。试想你搭讪的若是这个姑娘，现在应该开心得快升天了吧。

> **Shybusters 技巧 11**
>
> ## 勿交损友
>
> 你会因为对方不酷就不跟人家说话吗？交朋友千万不要这样。帅哥、美女不一定值得你尊敬与探索。比尔·盖茨小时候一点儿也不酷，但他做了一件很酷的事情，那就是他没有怨叹同学不重视他。在车库拼装出计算机好像有点儿逊，但回头看到底谁输谁赢了？

不玩愚蠢的游戏

你有遇到过舞台剧演员忘词吗？你当时感觉如何？你会看不起这位演员吗？应该不会，你只会觉得尴尬而已。

自信的人看到害羞宝宝就是类似的感觉。他们不讨厌你，他们只是感觉到你的不自在从而完全没招。再者就是有些别扭或不成熟的人会觉得，有你在他们变得有点儿不能做自己。

朋友间喜欢在聊天的时候互损或开玩笑，特别是年轻人或教育程度稍低的人，但害羞宝宝不喜欢这样，他们觉得"损人"不好，即便是开玩笑。

男生特别喜欢开这种在害羞宝宝眼里无聊的玩笑。"你平常就这么蠢吗？还是今天为了我们特别一点儿？""我知道你热爱大自然，不过大自然好像不太爱你。哈哈！"他们会对某个朋友猛损，也会等着对方反击。

当然，这样的损来损去不是男生的专利。女生有时候也会来这么两下，女生通常不会当着彼此的面唇枪舌剑，而是会拿没来的那个人开刀。弗兰克·辛纳特拉（Frank Sinatra）把这称为"女生用泥巴互战"。不过她们不坏,她们只是在传承青少年的一种"传统"。

你开不起玩笑,是吧?

互损不会有好话,但损人的人会觉得很好玩,甚至连被损的都有些乐趣可言,但前提是两人势均力敌,都知道这是场游戏,也熟悉游戏规则。你叫莎拉波娃[1]去跟小学生打网球,你认为世界第一会觉得有趣吗?对手太弱,赢了也无感。

看着别人玩,自己在一旁干瞪眼是很难过的,害羞的你也会有点儿蠢蠢欲动,但你又是比较敏感的人,所以你同时也觉得他们这样很幼稚。你不需要这样。你会因为自己网球打不过费德勒,赚钱赚不赢巴菲特而难过吗?不会吧。人家是专业的嘛,你不是,这没什么好难过的。

当然,如果你不想回火星也行,那你就静静听,只要话题没有过分到种族歧视、性骚扰或人身攻击,那你就姑且听之,赔个笑脸,机会来了再闪。

---

[1] 莎拉波娃:俄罗斯职业网球运动员。2005 年 8 月 22 日,以 4452.00 的分数第一次登顶 WTA,排名世界第一。

Shybusters 技巧 12

开不起玩笑，就回火星待着

说笑互损，不是害羞宝宝应该玩的游戏，就像地球不是火星人应该待的地方。你的害羞大作战才刚刚展开，实在不适合以身试险，你的脚皮还不够厚，还不能让人在上面捻熄烟头而不喊痛，再说要你拿烟头去烫别人，你也没兴趣。所以呢？所以我建议你回火星。

多观察别人，少思考自己

如果你是拍电影的，然后你用同样的阵容、服装、道具、场景与脚本把同样的电影拍两次，各用不同的角度拍，拍出来的东西肯定还是会不一样的，非常不一样。我想说的是，同样的事情，有没有自信会让你的解读大不同。搞不好两个人用不同的心态把同一件事情说一遍，第三者可能还会觉得是两件事呢。自信跟害羞就像两片不同效果的透镜，能让同一台相机拍出迥异的风景。

假设你端坐在电影院里，正开心地吃着爆米花，享受着剧情。大银幕上互动频繁，而你也没闲着，你忙着融入角色间的关系，比方说你会喜欢男一讨厌女二，会祈祷有情人终成眷属，会希望坏人自投罗网；你会给故事里的人物都打个分数，评个深浅，贴上个笨蛋或花瓶的标签。

你不会想到自己，你不会担心自己，电影院里的你是旁观者，有着事不关己的一双眼睛，你一边嚼着爆米花，一边进行着社会学家口中所说的"田野视角"（field perspective）的观察。

不过分地说，有自信的人就是在用田野观察的角度看世界。他们躯壳里的自我冷静，对外界的观察客观，他们得出的结论独立，对别人的想法不太担心。自信意味着他们觉得被接纳是应该的，不值得大惊小怪。

但害羞宝宝就不一样了。人一害羞，就会预设立场，就会老觉得别人在拒绝他们。他们一回忆起不愉快的事情，就会灵魂出窍，想象着当时别人一定是怎样怎样看他们，于是不敢表达，唯恐出错。

灵魂出窍

灵魂出窍的你会飘在空中，看着你自己，你的灵魂会用最严厉的语句批判眼皮底下的自己。心理卫生专家的说法比较专业一点儿，他们不说灵魂出窍而说"旁观者视角"（observer perspective），因为你就像是第三者在观察着自己，只是态度非常严厉。当你觉得很舒服、很愉快、很有自信的时候，你看事情也会用"田野视角"。

一般人看事情用"田野视角"，社交恐惧者看事情用"旁观者视角"……进入社交场合，社交恐惧者会立刻开始想象别人怎么看他们的外表与行为。

——《行为研究与治疗》期刊

回想最近自己觉得有自信的场合。也许是夏日午后跟家人去野餐，大伙儿并肩坐在树林里的木桌前享用热狗与汽水。小侄子把芥末酱滴得下巴和上衣都是，你笑着想着："真的是小朋友。"

在餐厅上班的姐夫口沫横飞，高谈阔论着热狗的做法，你心想："他搞不好是名嘴的料，不过现在还真想叫他闭嘴。"这时不远处传来烤肉的香味，"天啊，太诱人了，我要再来一条。"于是你一个鹞子翻身跳了起来，目标是烤肉架。

这时你看事情所采取的便是"田野视角"。换句话说，你是从你自身的角度看事情，然后由自己的主见形成了自己的观点。

但假设你是身在一个让你觉得很紧绷的环境里，比方说和你不熟的人去野餐，这时你可能会想："大家一定都注意到我太安静了。""他们会不会觉得我太蠢？""还是好饿，可是又不好意思自己去拿热狗，问又不知道该问谁，而且问的话他们会不会觉得我吃完又要拿很贪心。""我刚刚滴了黄色的芥末酱在身上，他们应该觉得我很笨吧；算了，反正我在这里本来就不受欢迎。"

下次你开始担心别人怎么看你时，请你把心灵的摄影机转个一百八十度，想想你怎么看这些人，而不要去想他们怎么看你。这是一个很好的练习，这可以让你用"田野视角"看事情，可以增强你的自信。

> **Shybusters 技巧 13**
>
> **强迫自己观察别人**
>
> 要从紧张兮兮的小演员变身成自信满满的大导演绝非易事,但强迫自己去注意别人,他们的穿着打扮、他们自信与否、他们面对各种情境及你以外人物的反应,都是你可以去观察的东西。

给自己权利去"批判"别人,对别人品头论足,就像在看电影一样,大方地打量人,给人贴标签、打分数,问自己"我觉得这人怎样",让自己没有心思去想"他们觉得我怎样"。

回忆并没有那么糟

面对现实

"真的很谢谢你,莉尔,"你可能会想这么对我说,"你让我知道了我在用有色眼镜看真相,你告诉我回忆会让事情感觉一次比一次糟,最后你点醒我不要只看坏不看好。谢谢你告诉我这么多坏消息。"

哇,你根本没听进去嘛!这些怎么会是坏消息呢?这些简直就是天大的好消息啊!我给了你社会学的证据证明:

1. 很多拒绝或排斥都是你自己想象出来的。
2. 你会在记忆中加料,事情其实没那么糟。
3. 你会报忧不报喜,事情只看坏不看好。
4. 你会灵魂出窍,像在海选一般挑自己毛病。

这些不都是很负面的想法吗？何来好消息之说？嗯，你只要戒掉这些东西不就变成好消息了吗？往事已矣，来者可追。过去的痛楚不可能当没发生，但未来的路途你可以乐观，可以正向思考，可以拿出自信。

> **Shybusters 技巧 14**
>
> **你很好，你没那么糟**
>
> 研究不是做假的，老师讲的话要听进去。这些东西都很简单，零复杂性，大家都很喜欢你，比你想的喜欢你多很多。你一向的表现也都不错，没你自己记得的那么不堪，人家排斥你都是你自己想象出来的。

再遇到焦虑发作，对自己说"我很可爱，他们可喜欢我了""我行的，我行的，我来了""不要自己吓自己"，多说几次，把自己当成第一排的啦啦队。

真要说坏消息，只能说你太晚听我跟你说这些了，不然你早就可以开始享受你的好人缘了。

03 chapter

让人看见你的三步走行动指南

◇◇◇◇◇◇◇◇◇◇◇◇◇◇◇◇◇◇◇◇◇◇◇◇◇◇◇◇◇◇◇◇◇◇◇◇

数字可以有魔力吗？也许有吧。从基督教信仰的三位一体到美国喜剧《三个臭皮匠》(*The Three Stooges*)，"3"这个数字始终让人感觉特别，至少对我而言。每当遇到难关，我想出的办法都跟"3"有关，就像我与害羞的抗战。

各位读者若真心想勇敢表达，让人看见，那且让我在此跟大家约法三章：

1. "逃避"的冲动来了，快停止！

2. 设计专属于你的"渐进式暴露疗法"(Graduated Exposure Therapy)，不需要跟别人一样。

3. 嗯，第三容我卖个关子。

◇◇◇◇◇◇◇◇◇◇◇◇◇◇◇◇◇◇◇◇◇◇◇◇◇◇◇◇◇◇◇◇◇◇◇◇

第一步：拒绝逃避

不被人看见、不敢勇敢表达的人最爱玩的游戏：逃避。但这游戏不但危险，还容易上瘾，等下我会说明。

你有过远远看到讨厌的熟人就开始绕远路、不想跟他闲聊的经历吗？害羞宝宝一定知道我在讲什么。曾经我瞥见不喜欢的熟人朝我走来，我就会胆战心惊地过马路，祈求上帝不要让他看到我。如果身边刚好有家店，我就会立马进去避避风头。

常见的顿悟地点是喜马拉雅的山巅或印度的古老庙宇间，我的顿悟则发生在大街上。

话说某周六早上我逛着大街，那时的我在幼儿园当老师。逛着逛着我注意到对面走来一个同事，男同事，说得更精确一点儿是傅勒老师。他越走越近，而我想到可能得跟他闲聊两句，心里突然一阵慌乱，我看到身旁刚好是个店门口，于是就冲了进去。

原本我以为自己已经脱离暴风圈，没想到身后传来他的声音："朗兹老师，来买东西呀？"我就像是自己钻进牛角尖的老鼠一样，躲都没地方躲，只好虚弱地原地向后转，然后用更虚弱的音调挤出一声惨白的"嗨"。因为我边转身边发现了自己急忙中选择的避难所，是一家情趣用品店。我鼓起勇气看了傅勒老师一眼，我发现超夸张的笑意堆满了他帅气的脸。

他朝我眨了眨眼，对我说："嗯，朗兹老师，你今天是来补货吗？"无地自容的我像冲天炮一样射出店门，在街上横冲直撞，终于找着一家正常的店家作为"防空洞"。

我想不用我说，你也猜得到在那之后我完全没脸见傅勒老师，再也不敢正眼看他，就算是在走廊上狭路相逢，我也觉得他那声"早啊，朗兹老师"听起来怪怪的，不像是中班老师的口气。

这让我很生气，但我气的不是傅勒老师，而是我自己，我气自己怎么会害羞成这样。于是那天我抱着必胜的决心向害羞宣战，我发誓以后绝对不躲人，再害怕都不躲。

这对我来说并不容易。因为这个目标很远大，而我的决心一向并不强。果然没多久我就"戒毒"失败，这阶段遇到因不想见或太想见而会紧张的人，我会假装刚好需要买东西，旁边不管是什么店都走进去，可以说进入了自欺欺人的最高境界。每次我吸毒，嗯，不对，是躲人成功，我就会觉得很舒服，但也就只舒服个几分钟而已。我真的是在骗自己，饮鸩止渴就是我这个样子。

逃避的快感

每个人都喜欢赢，不只是运动员而已。赢会让我们通体舒畅，胜利的滋味一旦尝过就会想再尝，会让我们飘飘云上。但害羞宝宝可以从另外一件事情上得到快感，那就是躲避球，嗯，不是，是躲避不想见的人。

逃避，虽能暂时解除心理压力，让人得到某种快感，但这是不好的，而且是会上瘾的。说逃避只是一种心理需求，就像说吸毒也是为了满足某种心理需求一样滑稽，我得说逃避跟海洛因一样都是毒品，而毒品都能让人上瘾。

每次在路上躲开一个人，我就觉得大大松了一口气，觉得心里的那块大石落了地。他们没看到我，我觉得很开心。我会对自己说："OK，下不为例。"但这话我已经对自己说过千百次。

——唐娜，内华达州雷诺市

每次逃避完，你会深呼吸一口气想："真险啊！"你会觉得舒服，但同时你也隐隐开始担心起来，因为你对这种"舒服"的需求越来越大，你这"舒适圈"越来越大，越挖越深，人越来越不想出来，也越难出来。就像上了瘾的毒虫一样，你开始憎恨起自己的软弱。

对具有社交逃避人格的个体来说，逃避之后焦虑会下降，进而强化未来继续逃避的趋向。

——《行为研究与治疗》期刊

办法？办法就是立刻开始"戒毒"，让想逃避的瘾头从你背上下来，让面对现实的火苗从小小的地方升起。

假设有个有点儿熟又不太熟的人朝你走来，别假装你没戴眼镜，别假装你没看到他，大方地微笑着说声"嗨"就是了。当然，万事开头难，一开始你一定会觉得全身冒冷汗，但我保证对方的笑容会让你很嗨，接着事情就会容易一点儿了。回应会融化你，让你觉得不躲才对。

走在路上，熟人在前方，我会受到惊吓。可以让自己感觉好一点儿的秘诀是碰面时打声招呼，微微笑一下，点个头，说声"嗨"，这都可以赶走尴尬。说了"嗨"，世界没有爆炸就算回本，对方如果回应我简直赚翻，我赚到的不是钱，是如黄金般珍贵的信心。

——库斯，南非普托利亚

Shybusters 技巧 15

单挑逃避的冲动

遇到让你紧张、让你不知所措的人迎面走来，害羞宝宝的反射动作会是假装自己瞎了，但请你千万定住。不要东张西望，不要左顾右盼，不要往店里钻，也不要往对街闪，不要拉低帽檐，也不要望天无言，以上这些都只会越描越黑。不论有多挣扎，都请你把最阳光灿烂的笑容放在脸上，用隔天不用上班的心情把"嗨"射过去，我保证你不会输，只会赢。

第二步：
找到适合你的"渐进式暴露疗法"

是不是很多人说过："长大就自然会好了。"嗯，这话对吗？算有点儿对吧。怎么说呢？活在世上，经验越累积越多，我们也会学着扮演社会中的某个角色，我们会慢慢知道什么场合该说些什么，做些什么。从这个角度来看，"长大就自然会好了"这句话并没有错。

问题是，你真的想慢慢等着自己跌跌撞撞长大，才慢慢褪去羞涩吗？人生有多长，可以让你慢慢长大？活在当下不是这么建议的吧。所幸你看到了这本书，你可以立即开始几乎等同于专业的疗程，让自己好好活着；在不吃药的各种做法里，本书所教的做法最有效，没有之一。

心理卫生专家把这种做法叫作"渐进式暴露疗法"（Graduated Exposure Therapy），缩写"GET"刚好是英文"得到"的意思。肯定GET疗法的一份研究是这么说的：

患有社会焦虑症的个体若能一方面循序渐进接触害怕的情境，一方面补强社交技巧，最终反映在人际功能表现上的数据远优于其他临床疗法。

——《咨询与临床心理学》期刊
（ Consulting and Clinical Psychology ）

前面说过通往自信的第一个阶梯是"停止逃避"，现在我们要踏上第二阶梯，那就是"渐进式暴露疗法"（GET），循序渐进让自己暴露在不同等级的挑战中，就像要一关一关打怪一样。请大家一定要专心，现在是你走出害羞的关键。如果害羞的救赎有生命，那"GET"就是它的灵魂。

怕东怕西的人都有问题

虽然心理学与社会学的研究早已证明了一切，但还是有些人不相信"GET"的威力。

这有两个原因。第一，人都是天生会找理由的，不想做的事情我们总是不缺借口。第二，有些爱哗众取宠的自封的专家把"渐进式暴露疗法"给神化了，下面就是一个例子。

有一天我手握遥控器，正寻找着好看的电视节目，突然看到了某个谈话类节目。与其说是脱口秀，这样的节目更像马戏团，甚至动物园，因为实在太乱了，节目主要播放的是各种有精神或者生理问题的人。

男主持人明明无所谓，却还是把同情心像化妆品一样挂在脸上，他真正渴望的是非典型的家庭、不正常的情欲或奇人异士般的身体缺陷吧！我看到哭成泪人的来宾隔着电视屏幕对无数观众掏心掏肺，现场的观众则大呼小叫地要上节目的人进一步剖析自己、自取其辱。我看到节目的这一天，很巧，来宾的弱点非常特别。

"雷夫怕水蜜桃。"主持人昭告天下，脸上写着幸灾乐祸。

"呜呜呜……"现场的观众开始唏嘘。

"他不敢靠近桃子。"

"呜……"观众嘘个没完，而且声音越来越大。说时迟那时快，一篮桃子出现在雷夫眼前的大荧幕上。主持人用手指了指，说了句粗话，然后大叫一声跳了起来。接着就是体重高达270斤的雷夫冲出摄影棚，而他身后自然跟着摄影师。

观众席上是如雷的笑声。

雷夫被三台摄影机镜头紧紧追着，他整个人被困在后台的角落里。在主持人的煽动下，现场观众开始鼓噪起："雷夫，回来。雷夫，回来。"雷夫全身抖个不停，步履维艰地重新就位录像。

观众席掌声开始响起。

主持人意有所指地先对观众眨了眨眼，接着问雷夫："你为什么不喜欢桃子？"

"桃子毛毛的，里头又软软的，很恶心。"接下来雷夫的声音小到快要听不到，他含糊地说有个女性朋友用的洗发精是桃子口味。

就在这个时候,两位丰满的女助理捧着两大篮桃子,走了进来。

这一幕带动了观众的笑声变大。"快看,这家伙惨了!"果然一看到桃子,雷夫就又不行了。这次他往前朝着观众跑去,但半途被拦截而且裤子给拉了下来。摄影机从后方捕捉到雷夫爬着想要逃离观众的背影,当时裤子纠缠在膝盖附近。

终于无处可逃,雷夫又蜷缩到摄影棚侧翼的角落里蹲着。主持人穷追猛打,追上去老实而不客气地补充道:

"你知道你是什么吗?你是个身高一米八几,体重超过200斤的胆小鬼!"

这时候可能是老天爷知道我看不下去了吧,电话响了。

专治各种恐惧症

15分钟后我打完电话,满脸笑意的雷夫手中握着一颗饱满的桃子,还准备一口咬下。

镜头切到一位来历不明的恐惧症专家,该专家坐在雷夫的身旁,一副德高望重的模样。面对现场一群准备被骗的观众,他说着自己是怎么用GET治好了雷夫,还说雷夫这辈子都不会再害怕桃子了。

概念对，时间不对

讲述大自然的影片里，一株花苗破土而出只需要几秒钟，然后用两秒生出枝芽，再来是打开鲜嫩的花瓣，接受阳光的洗礼。延时摄影可能耗费几星期，但我们看起来只有半分钟不到。刚才的节目如果卖的是花，那主持人可能会说这产品从种植到开花只需要眨个眼。

回到雷夫。雷夫如果想要多一种水果可以吃，那节目上"专家"建议的方法是对的，但问题是仙丹也需要时间才能生效，让人慢慢适应水温，慢慢把胆子练大是对的，是正确的，但是一个小时内搞定也太神奇了吧。

慢慢强化适应的能力，社交处境就不会一再诱发负面的解读与莫名的焦虑。

——《行为研究与治疗》期刊

事缓则圆

研究害羞长达 25 年的心理治疗名师伯纳德·卡尔杜奇博士（Dr. Bernardo Carducci）说了一个患者玛格莉特的故事。玛格莉特怕蜘蛛怕到出门非实心且加宽的水泥人行道不走，然后除了自己家，其他的建筑物对她来说都是拒绝进入的。

疗程开始后，卡尔杜奇博士首先要玛格莉特做一件很简单的事情，那就是重复写下"蜘蛛"这两个字。然后隔了数周，她得到的第二项指示是找书本里的蜘蛛图片来看。这之后又过了相当长一段时间，玛格莉特终于能从室内的一头看着另外一头玻璃箱里的蜘蛛，这已经算是一大突破了。慢归慢，玛格莉特终于能开始缩小与蜘蛛箱的距离。最终的胜利，是玛格莉特竟能舒舒服服地端坐在椅子上，看着扶手上的小家伙爬来爬去。

跟电视上只花一个小时就大功告成相比，玛格莉特不知道历经过多少个小时的煎熬，要知道在玛格莉特的案例里，第一个小时的她连写下"蜘蛛"一词都会手抖。要是把玛格莉特的状况拍成电视，那应该不会是一个小时精彩紧凑的单元剧，而是百集来长的长寿剧。不过不同的是，前者真的类似戏剧，看看就好，但玛格莉特的会是部纪录片，货真价实。

治疗师用在玛格莉特身上的就是"渐进式暴露疗法"。这方法一样可以让人从不敢吃桃子变成敢吃，只是需要的时间会长很多。直到今日，在不用药治疗害羞与恐惧症的选项中，"渐进式暴露疗法"仍是成效最显著的首选。

"渐进式暴露接触"让心病患者能循序渐进地增加暴露在所害怕处境中的时间与强度，让恐惧自然发散。过程中个体对于事实的认知会日益接近真实，自处的技巧也能增强。因为不再临阵脱逃与掩耳盗铃，个体的安全感也将提升。

——《社交焦虑障碍：研究与实务》
（*Social Anxiety Disorder: Research and Practice*）

请在家尽量模仿

所以要想摆脱不敢表达，让人看见，第二件非做不可的事情是设计专属于自己的渐进式暴露疗法疗程，让你可以面对害怕的人、事、物：从陌生到熟悉，从熟悉到无惧。每个人害怕的事情都不一样，所以治疗的过程当然也得个人化，就像有些人觉得仅从高楼往下看就已经很要命，但也有人不觉得高空弹跳是在玩命。害怕没有道理可循，因人而异。

很多人摆脱不了害羞，一个原因是他们觉得自己必须一夜长大，他们觉得虽然是好多年都做不到的事情，但自己还是应该一口气完成。很多人可能想着要约心仪已久的帅哥或者美女，或者想抬头挺胸去跟老板要求加薪已经很久了，现在要他们说去就去，只能说谈何容易，会拖这么久不是没有原因的。

治疗师口中有种类似的技巧叫作"淹没疗法"（flooding），也是要让人慢慢暴露在害怕的事情当中，但这里说的淹没不是要把人淹死，不是要叫你整个人跳进去，你只要先放一只脚趾进水里就可以了。

至于究竟该怎么做呢？且容我在此细说分明。

- **曾经的焦虑**：首先写下曾让你觉得焦虑过的人、事、物，包括突然被点名上台讲几句话，包括活动开始没多久就想上厕所，因为你发现在场有太多你不想见的人，甚至是你喜欢的人让你紧张到舌头打结，都行。
- **将来的焦虑**：列完过往的焦虑经验后，开始列还没发生但你已经在担心不已的事情，包括老板要你上台做简报，包括不去不行但又让你紧张不已的活动要参加，还有你是否有心仪的对象却不敢接近对方？

◆ **经常的焦虑：**再接下来，写下一天到晚困扰你的事情，只要让你双腿发软、脸色变惨白的事情都算，不用管是过去的还是未来即将面对的。

Shybusters 技巧 16

列出让你焦虑的黑名单

弄一张清单，把让你觉得如同胸口碎大石、手心出汗的事情通通列出来。尽量写清楚一点儿，比如人名这种细节都尽量写清楚。

你也许会好奇别人的焦虑跟你能不能相比。关于这点，学界调查过有社交焦虑症的人，结果发现最令他们害怕的人、事、物前三名是：

◆ 陌生人（70%）
◆ 异性（64%）
◆ 权威人士（48%）

现在把你列出的恐惧通通放在一起重新排序，简单的打头阵，困难些的压轴。如果要你在走来走去的鸡尾酒会里打游击你觉得还好，但要在喝喜酒的时候跟旁边的宾客相处一整晚你会如坐针毡，那就把鸡尾酒会放在喜酒前面，以此类推。

> **Shybusters 技巧 17**
>
> **分门别类，各个击破**
>
> 　　请把技巧 16 里的那些会让你抖得像刚上岸的狗一样的人、事、物，列出排行榜，容易达成而获得成就感的放前面，较有挑战性的中长期目标放后面。

发挥创意

再则你需要发挥创意，你得提出"渐进式暴露疗法"的详细计划，而这正是克服恐惧与害羞的绝杀武器。看看你表单上的第一个挑战，将之拆解成容易跨出的各个步骤，把整件事想成是在爬楼梯，拾级而上，你的大腿肌肉也会越发强壮，最后将没有你踏不上去的楼层。

假设跟权威讲话让你害怕，那上班时坐电梯你就会担心害怕上级突然走进来，而电梯里只有你和他。你的噩梦就是和上级一同困在这个垂直升降的孤岛上,你的手要往哪摆?话要怎么说?

你可以学习以下的步骤,让自己不再害羞。

- ◆ **第一步**:找别的部门主管闲聊。这可以当作跟直属主管聊天的热身,毕竟跟不直接管你的人讲话较没压力。
- ◆ **第二步**:跟直属主管聊天。热身过的你应该会觉得这点做起来比较容易,毕竟他们是一样的级别。
- ◆ **第三步**:跟部门最高主管聊天。跟他或她自然而然地找些事情来话家常,说些无关痛痒但是不会无聊的事情一来一往。

按照上面的步骤实践,你就可以一步一步往上,最后搞不好你能在电梯里遇见所有董事,到时候你也能轻松应对。

Shybusters 技巧 18

由浅入深,拾级而上

把技巧 17 里所列的让自己焦虑的事情分解,让远方的鸿沟变成眼前的水沟。别好高骛远,原则是每一步都能轻松跨过。就算你觉得每一步太小,也不要掉以轻心,更不能三步并作两步,顶多你可以步伐轻快些。只要按照计划,你就可以把基础打得很牢,就没有到不了的高点。

你进步的速度可能比玛格莉特快,也可能比她慢,但你不用把聊天写一百遍,也不用明天就急着找个超活泼的新社团加入,然后超自信地自我介绍。你就用你自己的速度,舒服就好,重点是你知道自己不是病急乱投医,而是走在正确的道路上。

一步一个脚印

就像白雪公主身边的七个小矮人对虫鱼鸟兽会唱《吹着口哨勤工作》(*Whistle While You Work*)来让自己工作起来不无聊一样,你也可以找首告别害羞的主题曲来哼唱,让自己每一步都有信心不卡关。歌词大意是:从平缓的山脚开始,我终将抵达自信的巅峰,即便再高,我也不再害怕。至于旋律就看你高兴了,喜欢古典音乐的尽管哼舒伯特,喜欢乡村音乐的有小天后泰勒·斯威夫特,喜欢摇滚乐、成人抒情的也都可以各拥其主,重点是歌词一致就好。至于哼唱的时机,就是你使用各种技巧的时候。

没多久你就会发现自己很难被吓到。你会笑着望着原本害怕的人,跟他或她谈笑风生。不论是路人、大老板、住附近的电影明星,甚至是以前让你心智年龄瞬间下降二三十岁的梦中情人,都会立马成为你谈话的最佳对象。

越怕越死,做者永生。

——马克·吐温(Mark Twain)

第三步：出门前先给自信"热个身"

"能源"危机下你的生存之道

我们现在要来谈让自己被看见、勇敢表达的第三个秘方，这是任何人想取得胜利都必须具备的特质。这个特质在江湖上有很多名号：热情、斗志、乐观、精力、信念、动能、心理素质。我自己把这东西称作人的"能源"，你得有能源，有"95#无铅汽油"在"油箱"里，你才有可能冲破难关，问题是害羞宝宝的"油箱"常常是空的。

美国社会学协会（American Sociological Association）的专家们虽读过不少书，但也曾纳着闷自问："哪种个性最吸引人？"

他们不久就研究出来了：活力十足外加乐观。但你应该也想到了吧，活力跟乐观很难跟害羞关联起来。事实上，研究显示一个人有没有自信，害不害羞，最大的差别就在于"能源"的高低。

当我说一个人充满能源时，所指的不是他会像连喝了八杯咖啡的青少年般莫名亢奋，也不是说他说话像社区广播一样大声。我比较希望看到的，一般人比较希望看到的，是一股强大但沉静的能量，是内心热情澎湃搭配冷静的外在。

不论你是想活泼外向，还是自信地暖暖内含光[1]，下面这个乍听之下很疯狂的练习，都可以帮助你隔天早上精神奕奕地走出家门，让别人在人群之中一眼看见你。只要经过这项练习的洗礼，你一定会看起来很有自信。而本书下一部分会解释只要你看起来精神奕奕，举止充满活力，那你就自然会觉得信心回来了。不要不相信，不信你可以试试。

从早上开始就活力满满

你能想象大联盟级的投手不热身就上场比赛吗？搞不好第一局就会四坏球连发被换下去了。不热身，俄罗斯的首席芭蕾舞伶也转不起来；不热身，苏珊大婶的高音绝对唱不上去。害羞宝宝也是一样。你必须先热身，才好"上场"去面对人，最后成功地被人看见。

又是一天的开始，你起床，刷牙，冲澡，打扮。到了门口，隔壁大叔看到你，你说了声早，但随即把眼神撇开。嗯，大叔

---

[1] 暖暖内含光：出自东汉崔瑗所作铭文《座右铭》。意思是表面上暗淡无光，而内在的东西蕴含着光芒。

会想：她看起来害羞，听起来害羞，动作也害羞，她一定是个不想被人看见的女生。

这一天你也可以这样开始：起床，刷牙，冲澡。你不急着换上上班服，而是警惕地扫视房间一周，然后锁上门。接着你索性把百叶窗也拉下来，就是为了不让邻居看到或听到你。

当然，你得小心。如果你跟别人同住，不论是你的配偶、小孩或室友，都请先向他们报备你接下来的行为会有点儿怪异。甚至连你家的狗都要让它先习惯你的作息，要不它扑上来我可概不负责。做好这一切准备后，接下来……

请你一睁眼就像个疯子

你表演的时候到了：

穿着睡衣在房间里跑来跑去，挥舞着手臂像是要被抓去杀的鸭子；拉开嗓门好像在超级杯现场；跳上跳下好像兔子发狂；学神经病笑；像龙卷风一样转个不停；摔回床上，双脚伸到空中踢腿，一边鬼叫着"我是神经病，没错，谁有意见"！

嗯嗯，现在站起身来，恢复你的人样，把皱了的衣服拍拍，换上周末买的漂亮衣裳，头发梳好，早餐吃饱，亲老公，亲小孩，摸小狗。全部做完一遍之后再精神饱满地去面对这个世界。

隔壁那位大叔又探出头来了。可是今天你准备好了，你的身体、声音跟脸部肌肉都已经热身好了，所以跟他挥手致意一点儿都不僵硬。

大叔想：嗯，她看起来很有自信，听起来很有自信，动作也很有自信，那她一定就是个很有自信的女人吧。

> **Shybusters 技巧 19**
>
> **发神经有益身心**
>
> 你觉得我在说笑吗？我超级认真的好吗！死到临头的鸭子有多疯，早起的你就有多疯，我们来比赛发疯，比大声，比谁放得开，比谁先忘记自己害羞。早上起来先爆炸一下，然后再慢慢冷却下来，效果会好到爆炸。

第一次光溜溜跳舞

等早起发疯变成一种习惯以后，你可以升级到早起在镜子前面不穿衣服跳舞，如果这样做完你还怕被人看见，算我服你！

04
chapter

七个入门级技巧，
让世界看到充满自信的你

◇◇

老读者都知道我深信一件事情，事实上说深信算是客气了，这件事根本已经是我的信仰、信条、意识形态，是我的圣言。这件事就是：不会，就装到会！

乍看之下，这种说法似乎没啥，女性杂志或小报副刊里多的是，但这么想你就错了。

这句话可是大自然中亘古不变的真理。古代贤哲对此有过深入剖析，完形心理学（Gestalt Psychology）为其背书，而福特基金会行为科学部门所赞助的一支研究团队，更是确立了这种说法的地位。前面的章节既然已经让你重新站起来了，现在该是把幕帘拉起的时间，让世界看到崭新自信的你了！记住：不会，就装到会！

◇◇

嗨 10 秒钟，能让你元气满满一整天

有句老话是这么说的：第一印象不能重来。这对你来说，是个天大的好消息。另外还有一句话：第一印象撑一辈子。这两句话的意思是你只要能装嗨撑过 10 秒钟，人家就会以为你是个很嗨的人，并且印象久久不退。

为什么是 10 秒钟呢？这是因为第一印象的形成就是 10 秒钟的事情。

就算你是图书馆员工里最内向、最不愿被看见的那一个，嗨个 10 秒钟也不算是苛求吧。

偶尔把火开大一点儿

如果你有好好做功课，每天早起疯一下的话，你就知道加满油是什么感觉。但这并不表示你一整天都得这么高调，因为不见得别人会喜欢这种调调，同时一直把油加这么满你也很容易爆掉。折中之道便是你可以选定一天当中的几个时间点喷发，

借此释放一下能量。

其中一个不错的选择就是刚到工作地点的时候。一进办公室，你可以尽量放轻松，脸部表情也尽量和缓，见到同事热情地打招呼。这样简单的动作，就可以让人确认你是属于讨人喜欢的那一种人：活力十足、乐观阳光。

不过你不用一整天都踩着油门，更不用把转速一直拉得这么高。早上喷水池表演过一次以后，同事们就已经把你归档到有自信跟好相处那一栏里了，接下来你安静一点儿，也只代表你工作时很专注。

我基本上是个很安静的人，一群人里也没多少话可说。我在邮局上班，有个女同事每天早上跟大家打招呼都超热情的。我看大家反应很好，都很喜欢她，于是我也想试试。我想我第一次稍微吓到了同事，但我坚持下去，慢慢大家就比较有回应了，但其实早上嗨过一阵后我还是一样安静。

——帝娜，新罕布什尔州康克郡

"真高兴见到你，我刚中了大奖！"

能量爆发在和新朋友认识时格外要紧。假设有人在国际商场上给你介绍大佬认识。"您好，今天有幸能认识阁下。"客套话不难，大家都会说，但同样的话你可以说得好像你五分钟前中了大奖一样。这样大佬就会当你是号人物，这之后就算你安静不出声，他也会以为你在沉思，在倾听。

要找到爆发10秒钟的机会不难,你随时都可以找到。不论是跟人在走廊擦身而过、接起电话的瞬间、有人向你请教、和老朋友聊天,你都可以适时补充能量展示一下自己,给人一种你绝非不行,问题是你现在想不想,这样别人就摸不清你的底细。

Shybusters 技巧 20

10 秒钟护一生

我没有说嗨10秒钟很容易,先说清楚,但总比嗨一整晚容易很多吧。再说嗨10秒表示你最多也只能糗10秒,能糟到哪里去?火花塞[1]适时连续点火,活塞就能一直运转下去,这就是星星之火可以燎原的道理。等到别人有所回应,你车也热好了,要再加速就会变得比较容易,这时的你想召唤出火球就能随心所欲。

---

1 火花塞:汽油机点火系统的重要元件,它可将高压电引入燃烧室,并使其跳过电极间隙而产生火花,从而点燃气缸中的可燃混合气。

想让人看见你，先装出自信的样子

身心之间的欲迎还拒

身心有彼此配合的本能，否则人活着就会觉得哪里不平衡。

一旦你心里想着"我不想表达"，你的身体就会去配合。而身体一旦表现出忸怩的样子，你的心灵又会想"大家果然不想听我表达"。一轮恶性循环就此形成。

你的身心有一天聊天：

心灵：嗨，身体，我们干吗无精打采的啊？你有话跟我说吗？

身体：心灵，我是想跟你说，我们目前被人关注的可能性较小。

心灵：嗯，确实很多证据指向这个结论。我想我们真的很渺小。

身体：对不起，心灵，你刚刚是不是说我们不敢表达？

心灵：嗯，对啊。看看我们俩萎靡的模样，主人连正眼看人都觉得可怕。

身体：嗯，你说得对。好，既然确定我们害羞，那我就配合你继续演出害羞好了。脸红和口吃我练好久了，干脆现在拿出来秀一下好了。

身心齐呼：太好了，我们俩真是合作无间。

身心之间只要能取得共识，我们就会莫名地觉得满足，即便这个共识好像不怎么好。心理卫生专家对此有个专有名词，叫作"认知一致"（cognitive consistency），而人会本能地去追求这样的一致。

这样的盲点我们该如何突破呢？嗯，你有两条路可以选。第一条路，你可以说服心灵你想被看见，然后让心灵带领身体转变。这条路比较耗时，而且你可能得砸不少钱给心理医生，然后可能也得常跑医院。第二条路，训练身体流露自信，然后让心灵跟进，专家们比较推荐的也是这一条路，理由是身体比心灵好搞多了。我想不用我说你也知道怎样看起来会比较有自信：抬头挺胸、正眼看人、大声说话、大声笑。第二条路走下去，你会听到身心下面的对话：

身体：嘿，心灵，我们出去玩吧！

心灵：嗯，好啊，你今天特别帅（美），不出去给人看看简直是犯罪。

我记得在哪里看到过负面的想法会导致负面的身体语言，反之亦然。意思是只要行为改变，态度就会跟着改变。我试着这么做，我强迫自己走路时头抬得高高的，结果我确实感觉比较有自信了，然后某个点上我发现我不怕看人了，甚至慢慢可以稍微观察别人，乃至于现在跟人四目相交时，已经都是别人先闪而不是我先闪。

——库斯，南非普托利亚

自信长什么模样

自信是一片天空，上头什么云都有，各式各样。我们只是一本小书，没有办法把单独的一章写成"云朵百科全书"，不过我倒是在上一本书《跟任何人都可以聊得来》里比较详细地讲过信心的模样。总之在这里，我就简单说一下自信看起来大概是或不是什么样子，让各位可以稍微"装"一下。

- ◆ 人多的时候，不要站在墙边或吃个不停。直捣会场中心才能跟大佬混熟。
- ◆ 遇到入口很宽敞或是门有两层的时候，不要从边上溜进去，请大大方方从正中央穿过去，就像在检阅什么一样，那才是有自信的人会做的事情。
- ◆ 聚餐时，除非位子已经按照尊卑长幼排定了，否则主位当然不客气给它坐下去，权力游戏就是这样玩的。

- 椅子有高低的话，宁高勿低，沙发的扶手也是好的制高点，只要不比老板高就行！
- 动作要大，要流畅。有自信时人的肢体会占用比较多的空间，害羞宝宝则相反。害羞的人会一副好像"对不起，我太占位置了"的感觉。
- 手不要放在脸上，身体不要动来动去。
- 因为同意而点头时，眼神也要盯着前方，不要看着地板点头。
- 经过人面前时，轻易不松开看人的目光。
- 男性限定：走路不要像个斗鸡一样那么夸张，但要给人领导者般的存在感，手摆动略大，坐着的时候也可以适时把一只手臂放在邻座的椅背上。
- 女性限定：肯定自己，身体正对着你说话的对象，不要怕，站近一点儿。凡事自然，笑可以幅度大一点儿，但不要急。笑太快感觉紧张，慢慢笑比较自然。
- 还有应该不用我提醒姿势有多重要了吧。

熟能生巧，上面这些东西除了牢记在心，还要多多练习。哪天你可以一整天都看起来很有自信，你的心灵就会以为自己真的很有自信。

Shybusters 技巧 21

以主人之姿走向世界

要有警觉,别让自己出现那种"是我不好,主人"的模样,一有迹象就要赶紧跳出来。肩膀放松,往中间靠,制高点或餐桌的主位都是你该待的地方。走大马路要靠边,但进门不要。动作稳重些,幅度大一些,流畅一些,自信一些,熟练一点儿。

训练自己直视他人的眼神

你如果想被人看见，首要的是"眼睛要看人"，当然这样对你说就像对吸血鬼说要看太阳一样。如果人家看到我在看他，停下来要跟我说话怎么办？如果我人僵住了怎么办？如果他觉得我很笨怎么办？如果他看出来我脸红怎么办？除此之外，大概还有十万个怎么办。"我看我还是假装没看到他好了。"

听我讲这些，你应该会会心一笑吧。不过说真的，眼睛真的是我们打败害羞的急先锋，也是容易让人看见的第一步。

有人是好意，他们会说："不敢看眼睛，就看眉毛。"但这样的说法真的有点儿不经大脑，他们有试过和眉毛能好好说话吗？又有人说："看鼻梁。"嗯，这样传出去你会被当成斗鸡眼吧？这些我只能说都是旁门左道，不值一提。

不要想抄捷径，眼神接触绝对是害羞宝宝想要高分毕业的必修学分。

俗话说，眼睛是心灵的窗户。目光交流是日常生活中避免不了的。目光坚定代表着自信、勇敢、领导、冒险犯难等加分的个人特质，不敢正眼看人就表示你欠缺这些东西，甚至还会在旁人眼中显得狡猾、鬼鬼祟祟、目中无人、可疑，乃至于精神状态不稳定。一来一往，你现在知道眼神接触有多重要了吧。

宝贝，你的眼睛真美！

我觉得最美的眼神是小宝宝的眼神，他们无邪的目光简直可以看进你的灵魂里。小宝宝的眼神都很有自信，至少我是没听说过有哪个小宝宝会没自信的。他们最常用的一招就是把小手握成小拳头，然后顺势尖叫，他们不会先想我长什么样子再决定要不要这么做。就算有人用手轻轻地戳他们的小肚子，他们也不会觉得自己有什么不妥。"你这么小居然有肚子？"就算我传达的信息是这样，小宝宝也不会自责午餐多吃了一罐苹果酱或桃子口味的零食。

小宝宝界的主流想法是自己的长相不太确定，但应该都属于可爱那一派的，也觉得别人眼中的他们就是可爱的。所以他们想看你就会一直盯着你，直到他们觉得你有点儿无聊为止。"哎呀，"他们小小的心里会想，"我再来看别的傻蛋大人好啦。"

反过来说，再怎么害羞不敢表达的人，也不会不敢直视小宝宝吧，所以你可以找小宝宝练习互看，他怎么看你你就怎么看他。眼睛就是眼睛，不论是6个月还是60岁，不都是睫毛、瞳孔和虹膜吗？你如果受得了小眼睛就没理由受不了大眼睛，不论是青少年的双眼、董事长的双眼，还是你想追的人的双眼，不都只是眼睛而已吗？

> **Shybusters 技巧 22**
>
> **小宝宝的眼睛**
>
> 对于特别不敢看人的害羞宝宝来说（话说有很喜欢看人的害羞宝宝吗），一个办法就是从小宝宝看起。小宝宝有着人畜无害的眼神，可以当作你练习的第一步。当然从看宝宝到看董事长还有一段路，但跟两岁以下的小朋友互相放电，确实是很好的眼球运动。

盯着小朋友看还是要有个限度，不然被他们的妈妈当作变态就不好了。

有一天当你觉得看小宝宝的眼睛已经不是难题时，就表示你可以从幼儿班往上升了。你可以去挑战刚会走的小朋友、小学生、中学生，然后是跟你同年龄的大人。这个过程如果顺利，那很好；如果卡壳的话，我这里有一个锦囊。

跳到长辈圈

很多人会在看年轻人的眼神时遇到瓶颈，这时候你可以先按下暂停键，跳到年龄金字塔的塔顶，去跟长辈们交换一下眼神。

你可以先从70岁以上的爷爷奶奶开始练习,不论是在等公交车还是在排队买电影票,你都可以随时随地用眼神去搜寻城市里受到冷落的银发族。锁定目标后请你看着他们的眼睛,一方面你可以练习看人,另一方面让他们感受到你的关注,这么做绝对是双赢。

高中时的我没办法直视人。上课时我总是低着头,眼神都不敢乱飘,下课时我会躲到人迹罕至的礼堂后面。只要有人作势想跟我互动,我整个人就会怕到僵住。有趣的是,我跟小朋友或长辈说话都没有问题,只有跟同龄人在一起才会怪里怪气。

——斯科特,南达科他州渥特敦市

Shybusters 技巧23

给长者关爱的眼神,殊途同归

有信心对小宝宝放电,但是又没办法马上跟年轻人硬碰硬时,就可以开始试试"长臂猿",嗯,是长辈缘。你可以从年逾七旬的长者开始,然后逐渐换成六十几岁的长者,一路向下最终一样可以到达你的同辈。

搜寻热切的眼神

通过小宝宝和银发族长辈的考验后,你就不算初学者了,这意思是我们可以把标准提高一点儿,开始去挑战陌生人。相信我,很多人需要你投以热切的目光。

各种业务员,包括百货公司的柜姐,她们所受的教育训练都是要对客人笑。你可以利用这一点,帮助她们在工作上得到成就感。只要你把眼神迎上去,我保证她们一定会用她们的双眼拥抱你。与其在大街上的人海里捞针,店里就有一群专业人士渴望得到你的目光眷顾,想必你已经很清楚该往哪走了。

你想听成功让人看见的案例吗?以前的我挤不出笑容,也不敢跟人有眼神接触。于是我先从简单的开始,我先去和我觉得不可怕的人对看。比方说,我上公交车时会看一下司机,买东西时会看一下阿姨,上菜时会看一下服务员。养成这样的习惯以后,我跟其他认识不认识的人也比较敢互看了。

——肯恩,宾夕法尼亚州毕沃佛斯市

> **Shybusters 技巧 24**
>
> ## 对柜姐、男店员放电，愿者上钩
>
> 男生走进百货公司，笑着跟一楼化妆品区的柜姐对看一下，她们一定会觉得你很贴心的；女生的话，心情好时去男装店走走，跟男性店员放个电，你应该很难被拒绝。总之，这都是很好的练习，不知不觉你就可以毕业了。

这一项技巧有人督促会比较好。找个知道你状况的朋友，抓他或她跟你一起上街。你们就赌说你能电到几个人，谁输了谁请吃午餐。

提升眼神接触的质与量

我想跟大家分享我的经历。曾经我心血来潮,突然想去服务业上班,主要是想跟人多些接触,结果我选择了到现在已经成为历史的泛美航空(Pam Am)去当空姐。下面要说的技巧就是当时的同事分享给我的,我们现在仍是死党。

一切的一切都发生在国外一趟航班上,我们刚给 200 名乘客送完晚餐。回到厨房,我正擦着制服上的烤肉末,我这位很敏锐的同事立马问我是不是害羞,主要是她注意到我面对乘客的眼神时有点儿闪烁。不过她的问法很温柔,所以我没有不开心,也实话告诉她我确实是个害羞宝宝,日常也希望被人看见,但是缺乏表达的勇气。那次航班我们聊了很多,直到阳光透过舷窗射进来,我们已经像是无话不谈的老朋友了。

达菲博士成功记

达菲妮丝(简称达菲)跟他弟弟一起住在纽约皇后区有

"小希腊"之称的阿斯托利亚（Astoria）的一间公寓里。有次休假我去找她，她跟我说："莉尔，我觉得我有办法可以治好你的'眼疾'。"

"是吗？"原来我的好朋友也是江湖郎中，我心想，"真的吗？说来听听。"

"你现在注视我，看我的眼睛，我们互看，看谁撑得久。"

我们还真这么做了，但每次都不长久，而且几乎都会笑场。

"莉尔，不要闹了，人家是认真的好不好。"她气呼呼地站着。"我是想帮你，不然你要害羞一辈子是你自己的事，跟我有什么关系。"

这话震慑到了我。于是在又跌跌撞撞地试了十几次以后，我终于能直直地看着朋友的眼睛至少30秒，不会用笑去掩藏我的不自在。

"你在哪学会这招的啊，达菲？"

"学校里啊。我们有堂课教的就是眼神接触，有天下午教授要我们找个陌生人并肩而座，然后和他四目相交，我们一听都笑了，但连续一周我们不断换人看，而且看的时间还不断拉长，最后甚至长达整整一分钟。接下来教授要我们开口跟对方聊，而且还得边聊边盯着人家。

"莉尔，我们这样练习完的结果真的是出乎大家意料之外的好。下周的星期一早上在课堂上总结，大家都说看着人说话的沟通质量比较好，比较能拉近跟人的距离，自己也更加勇于表达了。"

荷兰的害羞者协会成立于1988年，一路以来都扮演着重度害羞者的救世主。参加协会所提供的课程，每个人都必须修满"注视"的毕业学分才能结业，过程中连会脸红或不够主动的毛病也顺便医好了。

——《世界新闻回顾》
（*World Press Review*）

"嗯，但我们是朋友啊，达菲。跟陌生人我实在是没办法。"

她笑了："你确定？"前面提过的跟达菲同住的弟弟叫尼西亚斯，当时我连他面都没见过，算得上是陌生人。"阿尼，你下来一下，有件事要你帮忙。"一声令下，达菲把在楼上的帅哥弟弟叫了下来。

我抬起头来说了声"嗨"，心脏已经"怦怦"跳到喉咙，因为我叫达菲弟弟帅哥并不是客气，他是真的帅，帅到说是"小希腊"里的大卫神像也不算夸张。达菲跟弟弟解释了我们在干吗，然后请他配合演出。对我来说，这绝对是个终极考验，我连普通人都不敢看的，现在竟然要我直接跳到希腊裔美籍的帅哥面前，真的是太看得起我了。对害羞宝宝来说，帅哥与美女是我们的天敌。

达菲说了声开始，我和达菲弟弟的眼神就像鹿茸，不，是像鹿角一样缠在了一起。然后血液开始像野火一般蔓延我的双颊，我那不是很强的心脏更是跳得像装修拆房子一样。在情势即将失控的当口，我用大脑命令延髓，延髓又命令眼部随意肌不准临阵脱逃，于是经过了客观上的几分钟与主观中的几万年，我脸上的熔岩开始变冷、变黑，心跳也慢慢恢复正常。

达菲看我冷静多了，才平和地说："OK，时间到。"帅尼回去念他的书，我则两手一摊。"天啊，羞死人了！"

> **Shybusters 技巧 25**
>
> **好朋友是干什么用的**
>
> 签生死状让朋友放心你没有疯，然后请他们帮忙练习"人盯人"。跟你找来的搭档互看，时间慢慢拉长到一分钟，然后再开始练习边看边聊天。

你保证能做到这样，和陌生人说话就是和熟人说话，不是要你爬哈利法塔。

通过这样的练习，你原本觉得很夸张的眼神接触也会慢慢变得没有什么。对害羞宝宝来说，人的双眼就像枪管，随时会有子弹飞出来索命，但请你忍耐一下，天底下没有不能习惯的枪管，更没有不能克服的难关。

能撑过与最深邃最深情瞳孔对视的一分钟，普通人就一定吓不到你。

用"喜欢你"的眼神看人

为什么弹跳的绳子都绑好了,有人就是跳不下去?为什么只是一双人人都有的眼睛而已,你就是怎样都会自动躲避?看过电影里人被车撞飞或被拳头揍飞的慢动作吗?人腾空而起,声音整个暂停,主角从高处看着下面的柏油路与自己越来越近,却无能为力,然后重重地着地。

这就是害羞宝宝的心情,那是一种濒死的体验。

我想笑,想看着人说话,我知道我应该,但看人是会痛的,至少心会痛。然后有时候我会担心自己笑起来很猥琐,那样说不定会有反效果。我想得太多,就算勉强笑了也像流星一样稍纵即逝,想躲起来的引力就像黑洞般将我吞噬。我试过数到三再切断眼神,但连一二三都让我觉得是永恒。看人吧,我怕被误会是在瞪人,但不笑又不看人吧,又怕被认为我瞧不起人。

——克莱尔,佛蒙特州布鲁菲尔德

克莱尔有想到可以数到三,这策略是对的。但数数很无聊,还有就是光数只能"增量",不能提升你眼神接触的质量,而和所有的沟通方式一样,眼神同样应该重质不重量。

你可以试试在看着对方眼睛的时候在心里说"我喜欢你",但不要真的发出声音。这样做有三个目的:

心想"我喜欢你"需要时间,这样你眼神接触的基本里程就有了。

即便无声，人也很难苦着脸说"我喜欢你"，这样做就可以兼顾到你的表情。无聊时你可以试试用尖酸的表情然后在心里配上温暖的文字，相信我，这有难度。

"我喜欢你"的内心独白会自动占据你的心思，让你无暇去胡思乱想，比方说"他会不会觉得我很怪"这样的想法就会被自动消音。

> **Shybusters 技巧 26**
>
> ### 看着人说"我喜欢你"（关静音）
>
> 看着人，在内心说"我喜欢你"，这样你眼神接触的质与量就可以同时提升。当然这只是辅助，健步如飞谁会需要拐杖，时候到了请你把这工具甩掉。

用阳光的笑容卸下对方的心防

眼神接触有了,但是没配合持久的笑容,就像可乐的味道对但是气都跑光了。前者没效果,后者没爽度。这种等级的接触连暴露狂都吓不了人,因为一切都发生得太快了。

你自己想象中的笑和别人接收到的笑,可能是两件非常不一样的事情。你觉得自己笑得像是小丑,嘴巴都快裂开了,别人看到的却是位什么表情都没有外加心情看起来超差的蝙蝠侠。

这就像在看棒球。你觉得你的微笑是电视上放慢速度的重播,别人看到的却是电光石火的现场比赛,扑街就半秒的事情,错过就错过了。

你会不会都白笑了?

好,就算持久不是问题,有人可能还是会担心自己的笑不自然。我就收到过一位史蒂芬读者的信,说他明明笑了,但是别人一点儿反应都没有。我估计他是犯了一种我命名为"史蒂芬症候群"的毛病。史蒂芬在信里是这么说的：

大学时我没交过女朋友但我朋友不少，踏入社会找到第一份工作之后我搬到波士顿，感觉很孤单，于是我有了交个女朋友的想法。我会去夜店、酒吧，会对漂亮的女生笑，但她们从来都不对我笑。理所当然，我也没在这些地方交到女友。

后来我调到洛杉矶，我爱洛杉矶，洛杉矶比波士顿友善多了，女生竟然会主动邀我跳舞，我晚上也有了固定去的一个夜店。一天晚上，有位小姐一边跟我跳舞，一边问我干吗老是那么忧郁。被她这么一问我有点儿吓一跳，我反问她我看起来很忧郁吗，结果她说她观察我好几个礼拜，我看起来确实很忧郁。我回想一下确实有其他好几个朋友对我说过一样的话，于是我决定努力看起来开心一点儿，搞不好很多时候我以为我看起来还好，但其实别人已经把我归类成忧郁小生了。

——史蒂芬，加利福尼亚州洛杉矶

我没见过史蒂芬，但听起来的状况应该是他觉得自己在微笑，但女士们并不这样认为。

其实这种状况不难解决，我们只需要足够的光线和一面镜子。你可以在浴室里把灯打开，怕家人看到觉得奇怪的话可以把门锁上，然后请你拿出点儿模仿艺人的喜感，想象香蕉山上的猴子会有多开心，然后对着镜子里的自己开心地笑、微微地笑、性感地笑、悲伤地笑、酸溜溜地笑、猥琐地笑、害羞地笑。

最后再以自以为是的冷笑和堪称做作的假笑作结。为什么呢？因为你得知道自己这样乱来的时候内心是什么感受，这样你才可以在重要的时刻避免自己无心露出这些不讨好的表情。

> **Shybusters 技巧 27**
>
> ### 对着镜子练鬼脸
>
> 你很可能不了解自己笑起来是什么模样，你需要由外而内、从左到右，从各种角度去观察自己的笑容。想办法去感受一下微笑跟扭曲的笑差在哪里，去弄懂你什么时候笑起来像色狼，什么时候笑起来像痴汉。只有知道这些扣分的表情对应什么样的心情，你才能打造出阳光般让人卸下心防的无敌笑容，哪天眼睛有戏就表示你成功了。

不要光对着脸笑，要对着心笑

练习眼神接触的时候要由浅入深，练习笑也是。你可以先拿家里的猫咪或狗狗或金鱼或宝宝练习，它（他）们都最不会泼你冷水，觉得不错以后再进阶到公交车上拿慈眉善目的老太太或巷尾不太说话的老爷爷练习。这样做可以说是双赢，你可以培养信心，长辈可以得到关心。

记住，即便是老太太也有颗少女心，老爷爷也有壮志雄心，你给他们的笑是一把钥匙，可以让他们开心，让你看到他们的内心。

> **Shybusters 技巧 28**
>
> ## 用笑与人交心
>
> 为了避免你觉得我太恶心，且让我稍微做出说明。所谓交心，是要你去观察人特别、有趣或善良的一面，专注他们的优点，然后发自内心地笑，自然地笑，找好理由再笑。去银行存钱时看到那位女士有个超可爱的小朋友吗？你为此可以对她微笑。天冷时公交司机打了个喷嚏吗？你可以给他会心的一笑。有人对你笑吗？礼尚往来是一定要的，记得回人家一个大大的笑容！熟能生巧，笑也不例外。

事实上，你可以把笑当成在玩。你可以数数看今天自己笑了几次，然后第二天试着超越。

让笑变得像直播

最终我们应该让笑进入生活，让你成为"笑"的直播主角，也就是你不仅应该对陌生人笑，更应该对认识的人笑。首先你可以对相对陌生的人笑，像是公司里新来的实习生；接着是你熟悉的人，比如说同事或长得不错但不是你喜欢类型的帅哥或美女；最后你就可以挑战上司，然后是上司的上司。反正按部就班就是这么回事，你懂的。笑是你的武器，一关一关破完就可以单挑大BOSS。

微笑，并且欣赏、赞美别人

我们知道人为什么会得水痘，得水痘是什么感觉，多久会好，需不需看医生。没有人会因为看到你脸上有红色痘痘就说："那些红红的是什么东西啊？"

但害羞没有症状，至少没有像水痘那样明显的症状，没人会注意到你头晕目眩、恶心想吐、全身麻木，以及汗滴如猪，嗯，是满脸汗珠。他们只会觉得你这人很糟糕，说话不看人也不笑，超没礼貌的，他们不但看不出你害羞，还会误以为你目中无人。他们不知道你其实想被看见。

有人会把害羞的人当成傲慢，这真的是天大的误会，因为真相正好相反，真相是我们比谁都在乎身边的每个人。就以我来说好了，我超担心自己说了什么会被误会或说错话伤到别人，所以我才不敢开口。

——温蒂，明尼苏达州立托佛尔斯

"谁？我？目中无人？"

我们来比较一下。自大狂不会先打招呼，害羞宝宝也不会；自大狂不会叫人的名字，害羞宝宝也不会；自大狂不会跟大家一起玩，害羞宝宝也不会。这样说起来，很多人把害羞宝宝当作自大狂，好像也没有错。

这道理我如果大学就知道，就不会在那么多个晚上翻来覆去睡不着了。大一的时候，我曾经疯狂地爱上美术课堂上的一个大帅哥。札克是法国人，他老家在巴黎。我每天幻想着他头戴文艺青年的毛帽，购物篮里放着条长长的法国面包，脚踩着脚踏车在巴黎市区里美化市容。我的梦想是跟札克在塞纳河岸边当一对新桥恋人，热烈拥吻。（不提地域成见，感觉要谈情说爱，巴黎新桥就是完胜家乡格立森大桥的关渡大桥。）

我喜欢他说话的样子。从我还是个少女开始，外国口音就是我的死穴，一听到我就会腿软，当时我并不知道有口音可能代表一个人的英文不是很好。总之，我只能从画架后面鬼鬼祟祟地偷瞄他，因为我太害羞了。

美术课之后我们都得到学校的另外一头去上化学课。下课铃一响，我会赶紧把画具收一收，开始用跑百米的速度去化学教室，这倒不是因为我对化学有什么热爱，而是因为我怕我不快一点儿，就得变成要和他走在一起，到时候我会很尴尬。

有一次好巧不巧，我气喘吁吁但还是听到后面有脚步声追上来，然后我听到了有人发出像在漱口般的法式英文。

"莉莉、莉莉、莉莉，你奏遮么（走这么）快干什么？"

我像是草原上的跳羚被猎豹盯上一样瞬间僵住,话就像卡在瓶底的番茄酱一样,怎么也说不出来。

札克追上了我,丢出了这么个问题给我:"莉莉,我们妹天(每天)都奏通(走同)一条路,胆(但)你老是在多(躲)我,你恨套燕(很讨厌)我吗?"

"嗯,我是说不,我不讨厌你。"

"是吗,既然你不套燕(讨厌)我,"他继续用很夸张的法式英文说,"那从今天开始,窝(我)们化学课都一奇(起)奏(走)过去号(好)吗?"听他这么提议我心跳超快的,我觉得他应该可以听到我胸口在震动。接下来的几秒我们全身都只有两腿在动,他脸上笑着,我则是内心在嘶吼。最后我竟然激动到眼眶泛泪。

"莉莉,你者么(怎么)了?"札克显然不解我的眼泪从何而来。

这时候我真的忍不住了。我脱口而出:"人家害羞啦!"

"对不起,你说你诊样(怎样)?"

"害羞,害羞啦!我不太会表达。"我啜泣起来。

他顺势把手放到我的肩膀上。"莉莉,听你遮么(这么)说,我恨(很)开心,因为我一直以为你奏(走)那么快是因为套燕(讨厌)我。你不要胜(生)气,我还以为你是美国同学说的'置(自)大鬼'"。

"置(自)大鬼?"他的口音终于把我难倒了,我用沙哑的声音向他确认。

札克也笑了:"自大鬼!"

真相大白,原来札克以为我瞧不起人!

笑是给人看的，不是为了自娱

害羞宝宝比有自信的人敏感很多，他们特别怕说错话贬低人，让人觉得受伤。同时，多年来你可能每天都告诉自己"不要那么害羞好不好"！因为害羞实在太痛苦了。

把镜头转成自拍模式，从别人的角度来想这整件事，把内心的独白改成"我得对人笑，笑是为了别人，不是为了自己。不笑，别人会以为被无视或冷落，这样对人很不体贴"。

我最惨的时候是高一。高一的我害羞到完全不敢看人，跟人说话我永远都是低着头，所以有时候我走路根本不知道旁边有谁，结果很多人都以为我骄傲，所以我朋友很少。

——索尼亚，华盛顿州西雅图市

Shybusters 技巧 29

笑是对别人的义务，不是你想笑才笑

放大格局来看你的害羞。说话不看人、眼神闪烁、臭着脸、没笑容或不打招呼，这些状况只会让人觉得你瞧不起人，而且你也不能怪人家误会你，没有人看到这些情形会第一个想到害羞。你觉得别人应该怎么想，就应该怎么样相应去做，想被人看见，只要你脸上带着微笑，别人自然不会觉得被冷落，也自然不会把你想成坏人。

能欣赏人、赞美人,代表你是个有信心的人

没办法一整天发自内心给人大大的笑容吗?我这边有一个办法简单又有效,那就是想办法去赞美别人。认真找找别人值得夸赞的地方,也许是一条高雅的项链,也许是一件帅气的衬衫,又或许是一身完美的搭配,认真找的话不会没东西讲。而会欣赏别人、赞美别人的人,绝对不会是个瞧不起人的人。

> **Shybusters 技巧 30**
>
> **用赞美避免误会**
>
> 打败害羞让别人注意到你是长期抗战,一开始你或许还没有办法让大大的笑容始终挂在脸上,同时还让人觉得很诚恳。这时候我们有一个补救的办法——对人不吝于赞美。赞美人就是在告诉人你也许不是那么热情,但你也绝对没有看不起人!

人帅或长得美,不一定是好事

害羞的人如果长得好看,被误以为傲慢的概率会大大升高。别人很容易想当然地认为:你长得好看,是天之骄子,所以不

把别人当回事，别人在你眼中都是丑八怪，你连看都不想看。

我大学的时候经常被人误会。感谢爸妈把我生得好看，但也因此很多人误以为我很傲慢，看我很不爽，但其实我是害羞。最惨的是，我知道自己的问题就在外表，也努力想改变，但我实在是不敢和人说话。有一次我路过班上的一群女同学时，听到她们在说的正是我自以为漂亮就目中无人。天啊！我真是欲哭无泪。

——妲玲，加利福尼亚州洛杉矶

记住，害羞宝宝界的帅哥美女，你比其他人被误会的机会更大，所以你对人更应该加倍友善。

不要退缩，你马上就能勇敢表达了

三振出局说的是棒球，不是不敢表达

前面介绍了那么多方法，如果没有马上见效，请你不要苦笑，你应该继续咬牙撑下去。前面的方法没有一样是人类能力以外的事情，请你向天发誓会努力到成功为止。这道理我很早就懂了，但我还是希望自己当初能做得更好，更拼命去做一点儿，这样我可能就更早摆脱害羞去表达了。

我 12 岁的时候超级怕接电话，不是有点儿怕，是怕到极点！不要说电话响，仅是经过没有动静的电话旁我都会特意走快一点儿，蜷曲的电话线就像毒蛇，一副蓄势要咬我的样子。

电话如果响了我会掉头就跑，我最常躲的地方是浴室。有时候我会冲进空空的浴缸，假装洗澡。虽然我当时才 12 岁，但我也心知肚明这样有多可悲，一个女孩子穿着衣服在浴缸里瑟瑟发抖，怎么想怎么怪。

每晚我都会上演的祈祷是：上帝啊，请让我不要再害怕电话了。有天晚上祈祷以后，我梦到我又跑到浴缸里瑟缩着，然后突然间浴室的墙壁塌了下来，就好像每片瓷砖都是扩音器一样，我开始听到杜比环绕音响说着："我的孩子，你要先帮自己我才能帮你。"醒来以后我全身冷汗，但也决心要振作起来。

莉尔 VS 电话，第一回合：第二天早上我走下楼梯，感觉像是个受上帝感召的天使。我随手拿起电话拨了一个号码，又随即挂上。

我又试了一次。通了……挂掉。

再试一次。通了……没人在，我松了口气，以胜利者之姿离开。

我并不是自我感觉良好，我真的赢了。虽然电话没人接，但我方向对了。可惜不是每个害羞宝宝都这样正向思考。一次没成不代表你永远做不成，这当中没有任何的逻辑联系。不要躲在自己的小天地里觉得自己一定走不出来，成功始于奋斗，终于不懈。

我是个佛罗里达州的小孩，因为害羞所以朋友不多。但我家附近的路又宽又直，所以我不知不觉中成了直排轮的高手。后来我家搬到亚利桑那州，街上就不好溜直排轮了。凤凰城不是没有溜直排轮的场地，但我害羞，不敢在一堆人面前溜。我去过一两次，但实在太恐怖，我就打了退堂鼓。就这样，我一年没直排轮可溜，实在很痛苦。最终我只好勉为其难去溜，结果是好的，我被选进了代表亚利桑那州参加直排轮直线竞速（Arizona Roller Derby Surly Gurlies）的女海盗队，这比赛肢体碰撞很多，害羞可不行！

——贝伯丝，亚利桑那州钱德勒

莉尔 VS 电话，第二回合：我打了几通无关紧要的电话，问杂货店几点开门，问公交车站几点发车，再问百货公司有没有卖某个牌子的拖鞋。

莉尔 VS 电话，第三回合：两个礼拜后，我准备好打通真正的电话了。我心爱的暹罗猫路易无精打采，我打了一通电话跟兽医预约看诊。

后来路易成了只长寿猫，也还好当时我克服了电话障碍，要不然路易的小命就不保了。

谢谢你，上帝！你要我先帮自己，我做到了，而你说会推我一把也的确没有食言。

"嗯，这个有点儿难，我先跳过。"

遇到特别大的难关，不要说我先跳过等会儿再回来。因为本书中的每个技巧，都是做得到的，我身为作者已经评估过可行性了。你不用照着我的顺序做，但迟早每项都要做，所以你排好自己的顺序后就不要拖延了。过程中的失败都只是预赛的失败，预赛失败为决赛成功之母。

你应该听过"入围就是得奖"，听过"虽败犹荣"，也听过"我输了，但是学到很多"。你去和奥运会第四名讲这些，我相信他们一定听不进去，但这观念是对的。遇到失败很正常，不用沮丧，调整好呼吸重新来过，今天不行明天再重来，只要还有一口气在就没有放弃的理由。

> **Shybusters 技巧 31**
>
> **不要闪躲，不要退缩，别怕一时失败**
>
> 遇到难关不要心存侥幸，心存侥幸你就会想把该完成的功课跳过去。不要担心，担心你就容易放弃。逃避这个黑洞有着难以言喻的重力，一陷进去你就别想逃离。

要建立信心，你必须完成本书交付给你的每一项任务，每个技巧再难都得练习。你可以按自己的速度，一步一个脚印，每天都是新的开始。

现在做不到没关系，要相信自己有一天做得到。

——乔治·巴兰钦（George Balanchine）

05 chapter

四个特效级技巧，
让你突破自我，勇敢表达

这里的四个技巧体现了一个较不为人知但非常强大的原则。学习这四个技巧，你将能不拘场合跟人互动良好，也不怕别人说你什么，因为他们根本弄不清楚你是谁，你会像试穿衣服一样换上不同的个性。这个千锤百炼的原则就叫作"匿名效应"（anonymity effect）。

> 对超级害羞的人来说，暂时的匿名是天大的福音。
> ——菲利普·津巴多

我曾经在长途客运车上跟陌生人比邻而坐，他们跟我分享了很多人生经历，有时候甚至是不可告人的，连他们朋友都不知道的秘密。他们唯一没说的就是姓名，对着不知道他们姓名的人，很多人什么都敢说。

本章第一个技巧跟真正的面具有关，第二、三个技巧是要你在内心戴上面具，至于第四个技巧则是要脱下心里的面具让人看到真正的你，乃至于你内心深处想成为的自己。

戴上面具，放内心出来"透个气"

害羞最大的痛苦来自既想让别人看见，又担心别人怎么看你，所以如果暂时没人认得你，跟人互动就没有那么让人害怕了。你可以随心所欲，畅所欲言，完全不用担心被误会或别人对你有偏见。

"我是谁？我是某某某。"

从这样的认知出发，一位世界级的害羞专家用"面具"让一位重度害羞患者的病情有了长足的进步，这位患者就是菲利普·津巴多的弟弟——乔治·津巴多（George Zimbardo），我们就叫他小津。小津害羞到家里有客人来他就会躲起来，另外在学校他也是很惨，不敢看人，也不跟同学玩。

哥哥菲利普·津巴多（大津）想到一个办法。大津建议小津玩一个游戏，就是把纸袋套在头上，只露出眼睛和嘴巴，小津欣然接受了这个提议，甚至愿意头戴纸袋去上学。老师同意配合,还表示会跟班上同学沟通这个"游戏"。其他同学问小津是谁,小津会抬头挺胸说:"我是无名先生。"

纸袋所提供的匿名性让小津放下了自我,他一整个学年都跟同学们玩得很开心,甚至连年终的才艺展示他都戴着纸袋参加。

匿名的力量还不止于此。隔年小津以本来面目示人,而且在才艺展示里领衔演出主角。进入中学后,小津已经有了好几个很亲近的朋友。高三的时候还当选了学生会的干部。

别紧张,我不会要你们每天戴着面具走来走去,我只是想告诉大家,匿名对改善害羞是有用的。对着不知道你是谁的人,说起话来一定会比较轻松容易,而且你还可以从中累积不少宝贵的沟通经验,就像小津一样,你很快也可以将纸袋拿下来。

如果刚好有机会,比方说遇到学校办化装舞会,或是万圣节有活动,你都可以好好利用。

今晚轮到我扮兔子

对我来说,这样做的效果非常好。还在幼儿园当老师的我有一次遇到万圣节,校长要我们晚上带小朋友去要糖果,这让我头皮发麻,因为想到要去敲陌生人的门,还要一边想办法跟街坊邻居鬼扯淡,一边让小鬼头们七手八脚地抢糖果,我真的躁郁症都要发作了。问题是这种事我不可能跟校长说不去做。

我一边烦恼着,一边在一家店里的万圣节特区里采购饰品与假南瓜给班上开派对用，逛着逛着我瞥见墙上有面具，于是我灵机一动，我可以蒙面去啊！蒙面别人就认不出我来了。

我是对的，那晚装扮成兔子的我非常自在。我跟叔伯姨婶们在他们的庭院前天南地北地聊，小朋友的糖果也是有多少拿多少，宾主尽欢。有一两次我聊得太开心，甚至把面具拿了下来，当然以真面目示人还是让我觉得有点紧张，也还是有点儿不太敢看对方，但总是有突破了。隔年我已经可以"素颜"带小朋友去夜游了。

去年夏天我在一家餐厅上班，但是餐厅规定我们都要穿特殊的制服，这样看起来像是老派的侍应生、厨师与女佣。我拿到的是法国小女佣的一整套衣服，里头有蓬蓬短裙和高跟鞋。可能是惊讶过度，我只顾着穿上制服，而忘记要害羞了。我不担心的原因可能是餐厅的客人我横竖不认识，就算认识，我穿成那样，他们大概也认不出来，那跟我平常的形象实在差太多了！

——珊卓，密西西比州莱辛顿市

> **Shybusters 技巧 32**
>
> **匿名练习，效果可期**
>
> 别错过化装舞会或万圣节派对，而且要把自己弄得"不成人样"，让认识的、不认识的人都看到你但不知道是你。用你所扮演的身份示人，自我介绍说："嗨，我是蜘蛛人。"或"嗨，我是精灵教母！"或"你好，我是哥斯拉。"如果你不喜欢这样"假鬼假怪"，你也可以报上像真名的假名。总之，只要能不当你自己，一切都好谈。匿名的状况下你可以把所有的社交技巧拿出来好好练习，效果绝对可期。

当然，你不可能常常有机会戴面具，又不是特工出任务，所以一年之中的另外 364 天我们要怎么办呢？匿名性练习放着就都不能用了吗？

兼职，跳出自己熟悉的环境

按照本书一贯循序渐进的原则，你可以从几乎遮全脸的"蝙蝠侠"进步到只有眼罩的"罗宾汉"。嗯，这要怎么做呢？你要做的是跟人互动，但互动的对手所看到的你，并不是全然真正的你。

你可以去兼职当柜台专员、快递员、侍应生或任何需要跟人有大量互动的工作。你可以在上班的时候好好磨炼自己的眼神接触、笑容与说话技巧。这样做的好处是你的私生活不会暴露在外，客人不会在乎你私底下的个性，他们只看你服务好不好，动作快不快，停车技术到不到位。

在高中或大学阶段我都打过工，我在药妆店当过收银员，也在油腻腻的快餐店里送过餐点，甚至在美发沙龙里洗过头。每经历一份工作，我跟人的互动就更多，而且这些人不会管我个性好坏或外表美丑，我只是无名的，负责找钱、点菜或按摩的小妹妹。

说到洗头按摩的小妹，我还蛮喜欢跟来做头发的贵妇们聊天，也许是因为在沙龙里大家都很香，加上她们上了一堆卷子，或者头上抹着烫发液，叫人想跟她们赌气都很难。总之，在美发沙龙工作让我不再害怕与人接触，甚至可以勇敢表达了。

如果你平日忙到没时间兼职，那就利用周末。周五晚上或周末很多餐厅或店家都需要额外的人手。跟人简单对话就能强化信心。"中热美（一种咖啡）要加糖或奶精吗？""套餐要加薯饼吗？""在店里吃还是外带？""自用还是送人？""要包起来吗？""你要价格为3000元的备用新品还是价格为10000元的原厂件？"这些问题都可以帮助你取得自信。

我算是个大个子，身高180厘米，站到秤上更足足有90公斤，而大个子害羞特别惨。我有个兄弟是夜店老板，一晚他打电话来说他的保镖没来，要我去代班。我去了，而且我那晚没有一丁点儿害羞的感觉。代班时我在客人眼里就是个"保镖"，不是什么弗列德（我想他们根本不知道我叫什么）。我后来周末偶尔会去代班，害羞也慢慢有所好转。

——弗列德，马里兰州巴尔的摩市

> **Shybusters 技巧33**
>
> **兼职能提供很大帮助**
>
> 　　利用晚上或假日去找份需要跟人互动的兼职工作。让自己处于一个角色扮演的状态，百货柜姐、市调专员、出租车司机，或任何你的表现与私生活是没人在乎的角色。这种"几乎是我但又不是我"的练习很有实战的临场感，但又可以全身而退不用担心。

如果兼职对你用途不大，下一节是你无痛的替代品。

去陌生的地方和陌生人交谈

这节的精髓就是:"对不起,我不是当地人,所以在此地出再多丑都没关系,反正当地人不会在意。"只是这句话太长不能当成标题。

"对不起,我是来玩的。"

技巧 16 请你按严重程度列出的焦虑清单,拿出来看看。假设它长这个样子:

- ◆ 在路上问陌生人事情。
- ◆ 在店里只逛不买。
- ◆ 跟不认识的人四目相交或微笑。
- ◆ 被迫和陌生人聊一段时间。
- ◆ 跟人互怼或起口角。

清单收到口袋或包包里，上车去最近的绝对没有人会认识你的城市。然后就像要去商场购物一样，把清单上的事情都做一遍。以上面的清单为例，你到镇上要做的事情如下：

- **向人问路**。随便向 5 个人搭讪问路，怕人家觉得怪的话，可以拿着地图或装成迷路的样子，这样别人会比较想帮你。这件事做 1 小时。
- **试穿东西**。找家店，挑 3 双鞋试试看，但最后不买。这件事做 1 小时。
- **对店员笑**。去百货公司跟每个柜台的人员微笑放电，假装是来买东西的，到处翻翻看看。如果你觉得其他来逛百货公司的客人顺眼，也可以顺便微笑。这个行程可以安排 2 小时。
- **请店家推荐商品**。找家药店问对方哪种药膏治疗碰到有毒植物的伤口最好，一家一家问。这件事做 1 小时。
- **请老板推荐午间特餐**。中午吃饭时间走进饭馆，请老板或服务生介绍一下菜单，把料理问个仔细，这样一问就是 5 分钟。
- **跟同行的乘客攀谈**。在公交上与隔壁的乘客攀谈，想办法撑够 10 分钟，若需要转车就再来一次，每种交通工具都这样做。

你可以自己再补充一两个小时的沟通课程，累积到 8 个小时就可以收工了。这样"游学"回来以后，我跟你打赌你一定会有进步。

你可能会想:"出门在外,如果有人问我名字怎么办?"我这么说吧,女人可以谎报年龄,渔夫可以谎报抓到多重的鲔鱼,你谎报名字为何不行?反正治好你的害羞才是此行的重点,其他的东西都可以宽容一点儿。

Shybusters 技巧34

巧扮异乡人

直奔隔壁的陌生小镇,当个无名的异乡人。这样做更胜戴面具,因为"远走他乡"被认出的机会更加微乎其微,所以你可以把平常让你很困扰的状态通通拿出来演练看看,你可以放胆跟卖东西的人说话,向人问路,或是拿着菜单问服务生。经过客场异乡的历练,你回到主场家乡一定会有更好的表现。

把自己打扮得靓丽动人

每个人早上都要面对自己的衣橱,你可能睡眼惺忪并且在内心说:"唉,今天要穿什么呢?"有句话是"人如其食"。吃的选择反映了我们是什么样的人;同样,穿的选择也向世界传达着我们的个性。

跨国公司的大老板想被人当回事,会选择深色的整套西装;女子想颠倒众生,会穿得曲线毕露展露本钱;孩子们想要酷,就会挑选时下年轻人觉得酷的装扮。

穿衣可以改变心情

你早上在衣柜前自问那句:"今天要穿什么呢?"其实你没有行诸文字的问题是:"我今天的心情如何?"

我用关键字"我觉得"搜寻了所有害羞宝宝寄给我的信,结果我发现都是些负面的字眼:我觉得我很无聊/笨/蠢,我觉得低人一等,我觉得自己没价值,我觉得自己是马戏团里跑龙套的怪胎。

如果你也是这样觉得，那么每天早上站在你的衣柜之前，你就下意识在跟自己说："让我来找件让自己看起来无聊、笨、蠢、低人一等、没价值，又像马戏团里跑龙套的怪胎的衣服吧！"然后你的手会自动伸向这类衣服，接着你就会一整天穿着这样的衣服在外面跑来跑去。

穿上"快看我"的衣服

那你该怎么办？你应该重拾小时候玩衣服搭配的热情。"我想当公主""我想当海盗""我想当警察"，说完这些话，小朋友会身体力行地把公主裙、海盗头巾跟警察制服给穿戴上。

就是这样。你早上穿衣服的时候就应该告诉自己："我觉得很有自信。"把你觉得自己穿起来最帅最美、最能凸显你优点、最能让你看起来有精神的衬衫或洋装当成盔甲穿上。还可以动点儿脑筋让搭配看起来好玩或"稍微招摇"，让自己走在路上会让人转头行注目礼。

这年头，时尚已经不限于性别、年龄与想法。男生想穿悲惨世界里冉·阿让的披风就穿吧，女生想穿性感的高跟罗马鞋露出修得漂漂亮亮的脚趾就去吧！手头紧，那就从库藏的饰品中发挥创意，把旧衣穿出新意，没有丑女人，只有不肯动脑筋的女人，一条丝巾可以轻缠秀发也可以系于粉颈。端视你的思绪，你的思绪要说：我很满意我自己！

养成习惯，你会慢慢惊异于穿衣可以带给你的自信。

说真的，穿得好看一定是可以给我们的自信加分的，所以对自认没有信心的人来说，置办衣服的费用是几乎不会输的投资。不然007里的詹姆斯·邦德穿成那样是为了什么呢？

——狄米崔，希腊雅典

当然，穿衣看心情也看个性，没有两个人的品位一模一样，我相信狄米崔想学邦德一定有他的道理跟自信。

> **Shybusters 技巧 35**
>
> **靠装扮丢掉枯燥，抛开无聊**
>
> 想象一下你是哪种人？你穿上衣服后，投射出的自我是什么模样：油头？嘻哈？拘谨？朋克？华服？低调？

胜利无可取代，自由也是。在自由的土地上不妨碍别人，你想当谁都没问题。想想你要当谁就去当！花点儿钱买衣服是小事。

我跟老公结婚已经18年了。去年7月，有天晚上我们去外面吃饭，我跟平常一样穿了件超高领的衬衫。到了餐厅，发现有室内跟户外的座位，我们选了外面。衬衫下我穿的是内衣跟衬衣，后来因为很热我解了衬衫上面的一两颗扣子。我先生看到我的乳沟，眼睛立刻为之一亮。他说："老婆，你身材真好，干吗老是绑得像颗粽子一样。"被他这么一激，我不知是怎么地就顺手褪下了外面的衬衫，只剩下里头单薄的衬衣，刚好那时候就流行轻薄宽松的女性上衣，旁边的人都没有注意，但我先生眼睛很尖，一下就看到了。吃完饭回家我们第一次没关灯，因为我突然不觉得尴尬了，而且我先生这天也格外勇猛，让我不全力应战都不行。如今我在家就穿着小衬衣和内衣走来走去，也开始会买些比较性感的衣服，这样的改变真的让我更加自信了，我对自己的身体也不再像以前一样讨厌了。出门穿辣一点儿对我来说已经不是禁忌了。

——唐娜，密歇根州休伦港

早该这样了，唐娜，继续保持！

06
chapter

职场中如何让人看见你，获取职场机遇？

◇◇◇

  这样的标题好像狠了点儿,我先道歉,但你想听好话还是实话?我希望你知道我说这些是希望推你一把,让你走出害羞的象牙塔。

  美国心理学协会的报告显示,害羞宝宝不论多优秀,在职场上都很容易吃大亏。一份叫作《社交恐惧症与职业适应困难》(*Social Phobia and Difficulties in Occupational Adjustment*)的报告并非道听途说,而是引用了数十份国际知名的害羞研究。

  总之,这份报告下了一个结论,那就是害羞宝宝可能很有才华,但也很可能被低估而拿不到应有的高薪,或是争取不到学以致用、一展长才的良机。到了中高龄,害羞的人在职场上很可能难以为继。

  那是很恐怖的。

  所以勇敢表达、让上司看见你是你的当务之急。

◇◇◇

残酷的职场，要么出众，要么出局

不一样的职业体验

教幼儿园小朋友的时候我喜欢抬头挺胸走进教室，就像跳进由许多快乐小脸组成的泳池。当然在四五岁小朋友的面前有信心没什么好说的，但是跟小朋友相处是真的很开心。

但还是有一个问题，那就是幼儿园教久了，我说话也变得有点儿幼稚，只有每个月第三个星期一开家长会时，我才有机会跟大人说上话。但这样的分量显然是不够的，我记得有一次跟家长们开会到一半，身体本能突然召唤，于是我站起身来脱口就是："对不起，我要去嘘嘘。"

我可以听到家长们在我身后窃窃私语，好像发现了什么大秘密，我只好一半出于尿急，一半出于尴尬地冲去便便的地方"嘘嘘"。

就这样，我的神经断线了，我决定教完那学期便离职，回归大人的世界。跟不足6岁的小朋友相处愉快归愉快，但害羞的我会死得更快,更别说我的语言能力也会退化。那是个舒适圈,但我知道自己必须离开,害羞的死结才有机会解开。

在幼儿园的最后一天,我们办了一个小小的欢送会。我跟小朋友们拥抱道别,大家说的都是"北鼻""再见""抱抱"这类的童言童语。幼稚完最后一次我便带着复杂的轻盈重拾成年人的尊严。

如果你很害羞,工作性质又像我一样特殊,那你或许该考虑转换跑道,因为职场有许多残酷的现实。

职场需要被看见

在工作中,害羞的人很可能会低估自己的能力与价值,你的老板也是,因此主管们会给你小鞋穿也不足为奇。

如果你已经准备好重新审视自己的职业生涯,那么请你当自己的面试官,自问以下6个问题:

1. 朝九晚五的工作是否让我的害羞更严重?
2. 我在现在的公司里是否大材小用?
3. 我是否有学以致用?
4. 我对现在的工作是否适应困难?
5. 我能否找到更符合职业生涯规划的工作?
6. 当然,最实际的问题是……我现在是否有条件换工作。

多数人要换工作都是大事,尤其现在经济不景气,但这个技巧你可以学会。

> **Shybusters 技巧 36**
>
> **考虑转职**
>
> 自问上面6个问题,然后按结果去思考,做出抉择。你的结论可能是该离职,但时机不对。不过就算囿于现实无法立刻离职,这样的思考还是有其价值,因为就算是留在现职,你还是有可能做些改变,或者增强你未来展翅高飞的决心。所以眼光放远,影响你最深远的搞不好就是这一个技巧。

让自己成为企业最需要的人才

不要冲动离职,除非你已经找好了退路。可惜当时没人跟我说这句话,所以我辞掉幼儿园老师的工作后就成了待业一族,坐吃山空。更惨的是,面试对我来说极其恐怖。最后是因为穷途末路,不工作不行了,我才勉强自己走出去,我心想反正我这么害羞,真要去讨饭我也说不出口,还是去面试看看好了。

我幸运地得到了几次面试的机会,然后面试官都问了几个同样的问题:"你有哪些优、缺点?"我没有说出口的答案是:我的优点是人缘不错,缺点是超级害羞。

"五年后你希望自己在做什么?"实话还是一样说不出口:能够不再害羞!

"你有能力在短时间内学会复杂的工作吗?"我能想到最接近这个问题答案的经验是在上课钟响前5分钟把米老鼠的手机组好,但我不觉得面试官会因此点头称是。

我很快下了一个结论。虽然我可以念故事给小朋友听,让他们都很满意,也可以像赶羊一样把一堆失控的顽童集合起来,坐在一起,但我并不是企业最需要的人才。

求爱与作战,可不择手段,找工作亦然

历经6次面试之后,"请回去等候消息"这7个字已经让我压力大到像热锅上的蚂蚁,随时会蹦到二楼去。但塞翁失马焉知非福,我发现一直面试让我学到一件事,那就是面试官的问题真是像得可怕,有时候甚至连字句都一模一样。

我有点儿怀疑是不是每家公司的人事都是同一所学校毕业,读同一本教科书出来的。他们固定的做法都是先用一些日常一点儿的问题让你放下戒心,甚至还会问你喝不喝咖啡,但一旦你开始把公司当家,他们就会开始丢出棘手一点儿的问题让你措手不及。

如果你在找工作,如果你想让面试官发现你的优点,那请

你不要懒惰，去买或借本讲常见面试问题的书；想省钱度日或懒得出门的话，你其实上网找就行了，很多问题已经被解析到烂了。

要弄通面试的"关键"并不困难。你可以先拟好一些四平八稳的答案，毕竟有些问题几乎是必问，包括"你的优、缺点有哪些"。另外有些"贱招"你不得不提防，像我觉得最经典的就是有的面试官会装熟说："说说你自己吧，你是什么样的人？"然后一副等着看好戏的样子往椅背上一靠。

Shybusters 技巧 37

严防面试官的"偷袭短打"

上网搜一下和面试问题有关的关键字，中肯的建议会淹死你。热身的基本题有很多："你前一份工作是什么？""待了多久？""离职是因为什么？"这些都是可以预先准备好的。当然除了"正常挥击"以外，有些面试官会突然来个"偷袭短打"，他们可能会问："你最棒的特质是什么？""最糟糕的地方又是什么？""你觉得我们为何非用你不可？"当然这只是其中一些啦，其他可自己去网上找。重点是找好问题以后要在家好好练习，多一分练习，少一分焦虑。

如何在面试中，让 HR 一眼看中你？

不过话说回来，问题本身并不是面试的全部。我想你一定听过老生常谈的建议：跟亲友演练。

这也没错啦，但是我建议你可以偶尔做得更绝一点儿，需要作弊就作弊！

好吧，我说话可能夸大了一点儿，我的意思不是要你真的去作弊，而是稍微"不择手段"一点儿去得到你想要也应得的工作。怎么布局？首先找五六家你想都不敢想能进得去的公司面试。

第一家会很恐怖。

第二家会很吓人。

第三家会很刺激。

但到第四家你就会驾轻就熟，越来越上手。问题会在你的预料之中，你不会再因为面试官的一个小动作而如惊弓之鸟。

总之，不想去的公司都可以当成练习面试的对象，想去的公司才是决战的地方。

> **Shybusters 技巧 38**
>
> **明知山有虎，偏向虎山行**
> **——只是当练习**
>
> 　　为了最终得到青睐的工作，你得先去请不起你或你不想去的公司面试，借此累积经验值。等到你觉得在"小联盟"磨炼够了，再一举去小露两手，这样你进入梦寐以求的"大联盟"就不会那么遥不可及了。

在求职的过程中，我始终念念不忘的是十几岁时想当空姐的梦想。我小时候，空姐可能比现在更令人向往，因为当年的空姐不需要卖免费商品，也不需要控制客人要花生的数量，感觉有尊严多了，更别说"飞机餐"当时只有雏形，甚至会被当成是笑话一则而已。

我越思考，越觉得自己想当空姐。克服害羞是我最大的课题，而登上飞机就可以釜底抽薪。我得跟一整架飞机的旅客打招呼、说再见、说欢迎搭乘，100 人就说 100 组，200 人就说 200 组，我就不信这样我还不能勇敢表现自己。

而在空姐的梦幻工作中，泛美航空又是我的梦幻雇主。但在我历经了那么多并不想去的工作面试后，我还是报名了不止一家航空公司的考试，包括美国航空、联合航空、环球航空，乃至于另外好几家现在都没有了的航空公司我都没放过。等轮到去泛美面试的时候，我已经把航空公司想要什么样的空姐摸得一清二楚。以当年来说，理想的空姐得笑得好像笑容是画上去的一样，果然从头到尾笑得像只花栗鼠的我被录取了。

我以空姐的身份送过咖啡、递过茶水、问候寒暄过的乘客与游子，应该比你一辈子认识的人还多。

> **Shybusters 技巧 39**
>
> ## 明知山有虎，偏向虎山行
> ## ——说话说到腻
>
> 选择行业的时候记得评估跟人接触的频率。频率越高，别人看见你的机会就越多。工作时如果得不停说话，不停社交，下了班你就不会觉得那有什么难了。
>
> 当然等你可以勇敢自在表达了，你不妨去做更有趣、更具挑战性的工作，看能不能学以致用，实现自我价值。

07 chapter

社交场合，
让你想认识谁就认识谁

不要说去派对,仅是提到就能让害羞宝宝瑟瑟发抖。把害羞的人空降到谁都不认识的派对里,和把他们空降到阿富汗去给塔利班送饭,在他们的主观感受上并没有太大不同。要笑,要自我介绍,要避免冷场,要面对异性,天啊,我还是去阿富汗好了!至少死得痛快一点儿。

等等,回来,别担心,只要你照我说的去练习这些技巧,我保证有一天你会爱上被人包围的感觉——前提是那些人不是恐怖分子。

遇到聚会不要怕，积极参加

如果云端上的空姐工作是天堂，那地面上的社交场合便是地狱。作为空姐，我是在扮演一个角色，那与其说是我，不如说是一种形象。在飞机上我有事情要做，有存在的理由。离地3万英尺的我是超人，但这位超人回到地上还是有低头、飙汗、腿软样样都来的时候，只不过让我软弱的不是氪元素，而是两个叫"应酬"的字。

但就是这么巧，我害羞归害羞，却仍是空姐，而位于机场附近的空姐宿舍可以说夜夜笙歌。你想想几百个空姐聚在一起的"空姐村"要吸引男性，有多强的磁力！

窈窕淑女，君子好逑。空姐更是不在话下，当时的盛况说是苍蝇满天飞也不夸张，只不过大部分都啪一声死在捕蚊灯下了。但不论那是怎样的一个卖方市场，我都还是不敢出声，就连对已经烧焦在电网上的那些也一样。

阿妮卡跟邬拉就不一样了。这两位有着北欧血统的漂亮姑娘是我的室友，她们晚上只要没班，就会竖起耳朵听，听哪里有音乐声、说笑声与杯觥交错的清脆玻璃声,一有动静她们就会香水一喷、口红一抹,直奔楼下交谊厅的派对。她们会邀我,但这也导致我的理由用量大增,每天都有断货的危机。

一天晚上,阿妮卡研究班表到一半说道:"哎,你看,下下个星期四我们三人都在,要不要约些朋友一起热闹一下?"

哇,我就知道最终还是逃不掉。"好啊,好主意!"我口是心非答道。

行刑之夜终于来临。六点半左右,阿妮卡跟邬拉已经迫不及待地讨论着要穿什么衣服、化哪种妆,还互相帮忙参考,而我,只能困守在床。

阿妮卡注意到了。她朝着我的方向说:"莉尔,你不准备一下吗?"

"我有个朋友感冒了,很严重。"我开始鬼扯。我支支吾吾地说要给这个不存在的朋友送鸡汤补补,然后跌跌撞撞逃出了宿舍。

那天晚上,我其实一个人超惨地在某家中餐厅里坐着,后来我发誓自己一定不要再当派对的逃兵了。

但发誓归发誓,接下来的几个星期我还是继续放室友鸽子,直到有一天我有了个灵感,我的这个灵感,或者说是计划,让我奇迹似的没那么害怕参加派对了。

现在回想起来,我这招就是要自己……

在派对上当一只鸽子

你看过公园里的鸽子吧。面包屑一扔,原本空无一物的广场就会飞来一群鸽子,小心翼翼地降落在离人几米外。再一会儿,会有某只勇敢的鸽子冲向面包屑,用嘴利落地一叨然后振翅远飞。其他鸽子看到同伴成功在前,就会开始前赴后继地大快朵颐。这时候你再丢一把面包屑,就会有更多的鸽子敢来尝试。信心建立起来之后,鸽群与你的距离就会缩小,再后来你就会发现自己身边围满了叽叽喳喳的鸽子,都是想跟你讨吃的。鸽子当然不知道自己在干吗,但其实这就是前面说过的"渐进式暴露疗法",鸽子从怕人到亲近人,所经历的就是这样一种"减敏"的过程。

我想说的是鸟可以,人当然也可以。别自己吓自己,从浅水区慢慢进到泳池,没人让旱鸭子的你一下就往深水区跳,那是找死(无误)。别一副要去赴死的样子,那只会拔苗助长,真的把自己吓死。你应该对自己说的是:"我待10分钟就好。多了没用,就10分钟。"

10分钟能有多难熬?牙医钻牙有时候一钻就是10分钟,你现在也活得好好的,不是吗?不过如果牙医在开始前先说:"不要紧张,我们今天只钻3小时而已。"我想你的正常反应应该是夺门而出,连拔牙用的围兜都来不及脱。

一开始先不要勉强自己在应酬场合待1小时,那样你最终只会夹着尾巴泪奔。你应该从10分钟开始,10分钟就好,10分钟到了给自己叫声好,然后下场去洗澡。你可以因为自己达成了目标而感到欣喜。

下次再有活动,增加你停留的时间为20分钟,然后30分钟,以此类推。

我想交女朋友,也知道应该为此多去参加活动,但跟陌生女孩说话对我来说是不可能完成的任务,因为一堆人在现场让我紧张,而且我也不喜欢夜店的气氛。最近有朋友揪我去联谊,听说是一周一次的那种,但我真的是很不习惯被陌生人包围还得看起来一脸轻松,只好一直黏着我的朋友。后来他烦了,我就跟他说我想走了。过了一个礼拜他又拉着我去同一个联谊,这次我感觉就没有那么痛苦了……我现在每个星期都会去报到,待的时间也一次比一次久。我想我有进步,因为很明显我没有之前那么紧绷、焦虑了。

——杰瑞米,得克萨斯州阿比林

> **Shybusters 技巧 40**
>
> **小口小口把派（对）吃下去！**
>
> 不要咬着牙说："好啦，好啦，我去参加就是了嘛！"这么说表示你在勉强自己，而勉强自己只会让你下次更不想去。
>
> 把派对当成派，你能一口把整个派给吞了吗？当然不能，但小口小口吃就不一样了。要求自己待10分钟，下次20分钟、30分钟，以此类推。"渐进式暴露"就是这么好用。

"人多的场合我不自在！"

很多害羞宝宝不参加活动，一个很单纯的理由是嫌人多。只要人少，他们感觉自然就会好些。关于这点，下面是一位过来人的建议。

我能克服恐惧，在活动中露脸，是因为我提早去，提早去现场人很少，我想不说话都不行。

——伊恩，马里兰州巴尔的摩市

伊恩的建议真好！顺便补充一下，早去的另外一项好处是可以先认识人，这样等到人多的时候你就不会觉得自己孤孤单单的，你会知道自己总有人可以说话，更别说这些先认识的新朋友还可以介绍更多的新朋友给你，那会比你干巴巴地认识人容易太多了。

Shybusters 技巧 41

趁人少的时候卡位

你不喜欢人多？也对，不然怎么叫害羞。早到应该从来都不是你的选项吧，都已经害羞了还赶着去送死？奇怪的是，你不就是怕人吗？怎么没想到越早去人越少？

早到人少，你就可以"大事化小"，就可以不用跟全场的人竞争注意力，然后人脉就有机会像雪球一样越滚越大。

杜绝这些拒人于千里之外的姿态

活动不论是大是小，来人不管是多是少，你都不能往里一钻就算了。典型的害羞宝宝会忘记抬头挺胸，会忘记笑脸迎人，会双手抱胸营造距离感，恶性循环就此展开。

我这么形容吧，在街上看到小猫咪，很多女性都会忍不住想摸摸它吧；如果猫咪没缩起来，你又会得寸进尺想跟它抱抱。反之，如果猫咪把背弓起来、眼睛眯成一条线，变身成小老虎，再喜欢猫的人也会退避三舍吧。

害羞的你当然不会故意在派对上对其他人发出嘶嘶声，活像只想吓退敌人的猫，但不笑就能拒人于千里之外，就这么简单。你的肢体语言会告诉全场：我本来是要去北极的！

我知道能出席当然也很了不起了，但你至少要让人敢接近你，也要适时主动跟人说话，回到家才好用甜食奖励自己。说话急促、站姿僵硬、握拳、发抖，都是你接近极限的迹象，你是教练就应该把自己换下去休息了。

心理卫生学家把这些害羞者紧张时的症状称为"安全行为"

（safety behavior）。有份发表在《行为研究与治疗》期刊上名为"维持焦虑与负向想法"的研究，其结论是我们越依赖安全行为，害羞就会越严重。

有些人觉得能出门就好，但出场和交流是不一样的，就像有呼吸和活着也不一样。紧张是看得出来的，而且还会传染，你会把缘分吓跑。

> **Shybusters 技巧 42**
>
> ### 既来之，则做点儿事
>
> 去了派对，记得给自己找点儿事做，你可以"正常能量释放"，可以练习无差别微笑，可以对主人、对熟人、对异性流露善意。我这只是举例，你可以尽量发挥创意，但先想好你打算待多久（技巧40），再来设目标。待10分钟，你可以找一个人自我介绍就好，20分钟的话可以面对两个人，以此类推。练到10分钟比你自己紧张1小时更有效。

找一个外向的朋友一起参加

要小心变色龙

蜥蜴变色不仅因为要融入环境,但人改变自己却是因为要融入群体。朋友外向自信,你也会在他身边跟着开朗合群;朋友带头去跟陌生人说话,你也会比较容易卸下心防;朋友去哪里玩,你会想跟去看看。猴子看到人都会学,何况是人看到人。(这么说没有恶意,猴子和人都不要生气!)

前面出场过的吾友达菲属于极度外向,而我是只害羞但知道感恩的小猴子,我很感谢她愿意跟害羞的我当朋友,我也想努力跟上她,我知道她是我害羞大作战里的盟军。

还在单打独斗的你也该去找一个同性的外向朋友,这是我的建议。

有个很外向的女生瑞秋是我同办公室的同事,也是朋友。一晚她拉我去一家可以跳舞到凌晨两点的夜店,当然我立马就想逃跑,但没她我回不了家。还好夜店就是会有些阴暗的角落,于是我躲着看其他人在舞池中摆动身体。

同时间瑞秋忙得很。她到处认识男生,有说有笑,不时跟帅哥共舞。我看在眼里其实还蛮羡慕的,但是又能如何呢?我就是没胆啊。

瑞秋看到我在躲着,说了我两句,而我也只能搬出害羞的老梗。也不知道她是醉了还是怎样,她突然板着脸要我去邀男生跳舞,还说不这样我就自己想办法回家吧。最后舞是没跳成,但我至少跟男生讲上话了,而且还不止一个。也许是我的错觉吧,但我觉得那些男生还蛮开心的。

——丹妮尔,康乃狄克州格林尼治市

我会说丹妮尔下次再跟瑞秋去跑夜店,就不会躲在黑暗角落里了。自信友人的鼓励绝对是你面对害羞挑战的一大助力。朋友外向很重要,因为如果瑞秋也一样害羞,那她就只能在角落里跟丹妮尔做伴了。

> **Shybusters 技巧 43**
>
> **近朱者赤，找个活泼的同性友人**
>
> 　　也许不是刻意，但就像变色龙会改变体色（不论动机为何），人类确实会本能地融入所处的环境。为此你真的应该克服万难，去找个外向的同性朋友交流。你可以要求他或她适时推你一把，让你在新环境里踏出第一步。不过一旦到了活动的场所，就不要每秒钟都跟老朋友黏在一起，因为你出门是为了交新朋友，这点不要忘记。

善用你的朋友圈子

　　除非你是受过专业训练的人员，否则紧张形于色都是很正常的，无可厚非。法庭有专家观察在场当事人的"情感流泻"（emotional leakage），也就是你以为自己藏得很好，但其实已经露馅的情绪。

　　还记得前面提到的史蒂芬吗？他以为自己在笑，被女生点破才吓一大跳。我这里有位住在芝加哥的迪娜也苦于类似的问题，但她想到了一个有趣的技巧，就是让朋友注意她有没有垂头丧气。

我在女生里面算非常高的，185厘米，但因为我很害羞，所以身高变成我的魔咒，也因此"造就"了我驼背的坏习惯。我会逼自己去参加活动，但从来没有男生约我。有一次一个女生朋友建议我不要驼背，我于是照了照镜子，发现她说得对。我站直了感觉比较好，害羞也不那么严重了。从那之后，我都会请这位朋友提醒我注意站姿，我驼背就请她戳我。我觉得这应该是一种互惠，因为她好像蛮喜欢戳人的。

——迪娜，伊利诺伊州芝加哥市

你也可以如法炮制找朋友帮忙，让她或他偶尔给你当头棒喝，不论是驼背还是其他会影响你自信的毛病，你都可以请朋友当你的纠察员。包括你只要臭脸或不看人，朋友都有权利质询你，甚至弹劾你！

不嫌麻烦的话，这还有进阶版，你可以建立一个奖惩制度。就像用信用卡累积里程数可以换机票一样，朋友每提醒你一次就给她或他特定的点数，点数够了你就得请吃饭或出国帮忙带东西回来。这样即便是比较实际的朋友也不会对你说NO。而你也不会吃亏，因为自信的自己无价。

Shybusters 技巧44

请朋友当你的纠察员，监督你的"一举一动"

你的笑容看起来对吗？会不会感觉有点儿奸诈或猥琐？你的眼神接触会不会短到像蛇在吐芯子，让人觉得不诚恳？还有你的站姿呢？走路的样子呢？你散发出的信息正确吗？会不会让人望而却步？

你可以找个信得过的朋友定期帮你确认一下，标准是你得看起来有自信外加好接近。准备一张黑名单给她（他），把应该避免的像是手抱胸、脸凶神恶煞、姿势不良、眼神游移、全无笑意等问题都列上去；怕朋友没动力的话你还可以提供一些"破案奖励"。

别踏入"喝酒壮胆"的误区

生病了我们会吃药,有些忧郁症患者也会找心理医生开药吃,这都在合理的范围内。但消除心病当然还是"自然的更好",能不吃药就尽量别吃,这也是我写这本书的初衷。但事实是有部分人会因为苦于害羞,而想要用酒精或药品来麻痹自己。

社交焦虑症(SAD)患者的酗酒与药物滥用风险比一般人高两到三倍。面对社交或要表演的场合,他们经常使用酒精来压抑事前的焦虑或挤出出现/上台的勇气。

——《精神病学研究》
(*Psychiatric Research*)

药品和酒精可以一时让害羞宝宝产生信心,但效果很短。你可能以为他们的掌声是因为你在咖啡桌上跳的夏威夷舞蹈很精彩,你可能以为他们的笑声是因为你的笑话很好笑,但你真的误会了,先生,他们是在笑你。

还有小姐，你可能觉得自己浑身散发着致命的吸引力，不然男人怎么会都围在你身边不散，但隔天你清醒后可能会大受打击，因为外面已经在传你很开放又很好骗。

不要说这不可能，我几年前就遇到过真实的案例。那天我回老家，在朋友芮妮家的前廊休息，突然对街一扇门后走出一个美极了的红发女子。

芮妮看了看她："烦人，这女的刚搬来，好像叫珊曼莎，超傲慢，跟她打招呼都不理人。"

"倒不是说我有去偷看什么的，但我注意到她男朋友都维持一两个礼拜，然后就会换人，换了一个又一个。我想她真的很挑吧。"芮妮接着说。

"也只能说她有这个本钱吧，人美真好。"

"是吧，"芮妮咕哝着，"但身为女神也还是可以对我们一般人客气一点儿吧。"

"我有个想法，"我说，"我们要不要请她星期六过来烤肉？反正国庆节我们肉是一定要烤的啊，不怕多一个人吃，而且她怎么说也是你的邻居嘛。搞不好她不要的男生还可以介绍给我们。"

于是我们留了个字条在珊曼莎的信箱里，但也就试试而已，没抱什么希望。

到了星期六中午，我们照计划开始生火、冰啤酒，就在这时后面传来一声："是我，珊米！"

芮妮跟我狐疑地转身，小小地吓了一跳。珊曼莎用稍微有点儿含糊的声音继续说："天啊，热狗好香啊，看起来超好吃，还有啤酒！可以给我来一瓶吗？"问归问，她也没等我们回答，就自顾自地向冰啤酒的箱子走过去。

芮妮侧身小声跟我说："还不到中午，但我觉得她应该是醉了。"

经过几个小时，几瓶啤酒下肚（大部分是珊曼莎喝的啦），我们开始聊起，嗯，男人。

芮妮首先老调重弹："好男人都去哪儿了？"我假装擦了一下眼泪，开玩笑地说："应该都被珊米抢走了吧。"

珊曼莎的回答让我们两个都有点儿惊讶："是啦，但是他们后来还不都是把我给甩了。"

"哈？"芮妮跟我都傻眼地倒抽了一口气。

珊曼莎低下了头。"很多男生是在酒吧认识的，我们会出去约几次会，但最后结果都是一样。他们会说我酗酒，然后就不跟我联络了。"

"嗯，"芮妮试探地问了声，"你，嗯，喝很多吗？"

"嗯，我不喝酒就很闷啊。男生会觉得我很无聊，又害羞，我在公司都不太说话的。"

芮妮跟我面面相觑。

珊曼莎还在继续说："我从小就独来独往，但不是因为我想要一个人，而是因为我没办法看人。高中的时候我一直都没有交男朋友，连约会都很少，后来是因为我学会喝酒才变好。我只要一觉得不自在就喝点儿酒，一直都蛮有效的。"

听到这，我跟芮妮开始同情起珊曼莎。

酒精是会溶解信心的溶剂

用酒精或药品给自己信心最多只是救急,不可能长此以往,事实上久了还会有反效果,因为除了可能染上酒瘾甚至毒瘾,你也封印了做自己而赢得别人芳心的能力,这样下次你一没酒喝,就会觉得格外没有自信。所以这样说起来,依赖酒精反而会让你的信心跌到谷底,更别说酒后失态对你的"口碑"跟形象会有多大的影响了。

> **Shybusters 技巧 45**
>
> ### 开车不喝酒,还有清醒时的自信才能长久
>
> 每个人的酒量不同,每个人都有喝酒的"安全限值"。开车不要超速,喝酒也应该尊重自己的极限。你最多能喝 3 杯,那就喝 2 杯;能喝 2 杯,就喝 1 杯;如果你只能喝 1 杯,那就直接点可乐吧。能说"不"才是酷,敢清醒才算自信,有自信人家才看得起你。

那天聊完之后没过几年，芮妮跟我说过珊曼莎老了很多，她已经不是当年那个红发美女了。她越来越难找对象，除了工作也越来越少出门。

《焦虑症》(*Anxiety Disorders*)上有一篇研究表明，同样害羞，酗酒的人会更难与人顺利结婚，珊曼莎就是个很令人难过的案例。

08
chapter

让人看见你的
语言技巧

好像有一种倾向是人越聪明，读的书越多，他们就越讨厌闲聊。这是可以理解的。毕竟一个人懂得多，能够聊的东西也多，怎么选也不会选到天气或"你好吗"这些无聊的话题，毕竟人生苦短，再说谁真的在乎谁过得好不好呢？

但你可能有所不知的是，闲聊也是一种沟通，闲聊可以开启更有意义的交流。闲聊可以拉近距离，建立起一种"共同感"。你可以把闲聊想成是音乐在流淌、猫咪在呼噜、年轻人在哼歌或一群人在坐禅，这让你有时间去感受你谈话对象的情绪与个性，让你知道这对话该怎么往下走。

有件事很多人没有想到，那就是旋律才是音乐的重点，至于歌里头在唱些什么，有时候真的不是那么重要。闲聊也是一样。

主动问好会给你加分不少

先开口先赢

看到认识的人走来,你的小剧场立马开演。我该说什么?我会不会一开口就很蠢?她一定会觉得我很笨或很无聊吧?如果她开口我该怎么回答呢?我看我还是装没看到或装作在忙好了。

嗯,其实你可以考虑一下,说:"嗨,你好吗?"这很普通,我承认,但是也很安全。说这话的人当然不是真的想知道"你的疝气或痔疮好了没",这只是一种简单又安全的打招呼方式,标准答案是"我很好啊"。

在路上遇到认识的人,大原则是话先讲先赢。先出声表示你喜欢对方,尊重对方,也表示你有自信护体,表示你不害怕在路上遇到人,更不怕和人说话。不论你的这种自信是真的还是有点儿虚,先说话都绝对可以在人前为你的魅力加分,让你整个人散发出正面的能量。

> **Shybusters 技巧46**
>
> **先开口先赢**
>
> 　　对话的时候能抢得先机对有些害羞不敢表达的人来说绝对是好事情。任何时候遇到熟人，先丢出"嗨，你好吗"就对了，当然你也可以说："是你啊，今天忙什么？""最近怎么样，都还好吗？"反正重点是要先说。话语中的热情可以代你诉说友善与自信。记住，前10秒钟会决定别人怎么看你，苦等是没有意义的。

"嗯，我很好，你呢？"

　　当有人问你："嗨，你好吗？"你不用像在写英文考卷一样说："我很好，你呢？"你这样问，对方也只能说很好，然后你们就会面面相觑，无言以对了。

　　别怕没假装回问会让人觉得你没礼貌，大胆地简单应一声"很好"后就立刻采取主动，把话题引到自己今天做的或要做的某件事，就像下面这个样子：

　　别人：嗨，你好吗？

　　你：很好。你知道今天晚上的比赛吗？我超期待的。（重点是节奏要掌握好，不要迟疑。）

接下来再把球丢回给对方。"你喜欢看吗？"你这么一问，对方就得回应。这就像是先变出一个球来，然后再把球丢过网让对方不接都不行。

你可能不相信，但说什么真的都没关系，你想聊天气也可以。你可以注意别人的对话，你会发现天气是最常出现的话题。

别人：嗨，你好吗？

你：好啊。我听说这个周末天气会很好，应该会偏热。

这就是变出球来。

你再补上一句：你有什么计划吗？

这就是把球丢过去。

即便是像天气这样不起眼的话题，只要从袖子里变出来，也都会是很好的引信。闲聊只要操作得当，绝对可以点燃两个人之间讨论的火花，火花来了想谈什么都行。

Shybusters 技巧 47

把球变出来再打过网

有人问你"你好吗"，别只是单纯回答"我很好，你呢"，这样会让可能的精彩对话胎死腹中。你可以随便从自己的生活中取材延伸，用相关的问题做球给对方，这样不但话题可以延续，也可以给对方留下自信与友善的好印象。

如果遇到对方是闷葫芦，把你希望的主观题当成是非题回答，你可以追加问题让动能延续，关于这点我会在技巧51里说明。

足够的热情能让对话更加精彩

你可能会想:"如果我那天很平淡,完全找不到亮点当话题怎么办?"别紧张,因为重点不在于你说了什么,而是你说话的口气,早餐吃了什么也可以是一场华丽的大冒险,只要你说得煞有介事。被问"你好吗""很好"只是过场,真正的主角是你媲美百老汇般夸张的宣言:"很好,但我跟你讲,我今天跑遍了卖包包的店,因为我原本的公文包实在是不能用了,不过你知道我有多讨厌买东西。(球变出来了)你不觉得买东西很麻烦吗?(球丢出去了)"

对方也许会说真巧,他的小舅子才刚送他个公文包当生日礼物。公文包当然很无聊,但请你一定要笑着专心听,好像你在听奥斯卡奖颁奖一样。问他小舅子住在哪里,假装你很在意,问那地方漂不漂亮。能做到这样,你就已经在闲聊了,而这对你来说已经是以往难以想象的境界了。

Shybusters 技巧48

没话说，试试大惊小怪

即便自觉丢出来的东西很无趣，你还是应该大惊小怪，应该当成天塌下来一样大声嚷嚷。只要你够热情，听的人就会被你蒙蔽，嗯，是被你吸引。

换个方向，不论对方说的话有多无聊，你都要想办法反应得好像多精彩一样，有人说这是欺骗，但我说是体贴。

被询问职业是表现自己的绝佳时刻

我敢打赌,任何人新认识不到 5 分钟,就会聊到"你是做什么的",对此你应该先准备好一个简单易懂又好听的职业名,才不会一时语塞;另外,这职业名也应该在听者的耳中显得利落出众,乐趣无穷,让对方简直要露出欣羡之色。

可惜很多人都做不到这一点。他们一被问到这个明明原本应该是送分的考古题,就会低下头,支支吾吾地吐出几个几乎不成句的字:"嗯,我,我就,我只是个……而已。"有次我去拜访一家公司,结果在大厅里有点儿小迷路,刚好一位小姐经过带我找到了我要去的地点。为此我谢过她,然后顺口问了一句:"请问,您在贵公司哪个部门高就啊?"

"我只是招待员啦!"这是她的回答。

我听她这样贬低自己简直气炸了。"不对,你不只是招待员,"我软中带硬地纠正她,"你是这公司不可或缺的招待员。"她看着我,眼里带着一丝不解。

遇到有人问你这个问题,正确的表达顺序是先笑,然后给自己的工作应有的尊重。你要看得起自己，介绍起自己的工作要带着热情。看不起自己，说话没有热情，声音有气无力，就算是大公司的董事长也会被当成失败者。反之只要你热爱工作，就算你是种菜养牛（并没有对农业或畜牧业不敬之意），别人听起来也会觉得很厉害。人生赢家很简单，只要热爱自己的工作与生活就成。你爱你的工作、生活，世界就会爱你。

> **Shybusters 技巧 49**
>
> ### 履历写好挂嘴上
>
> 明知道会有人问你工作，就不要没准备，更不要随随便便乱答。准备好一个像样的回答，在家没事的时候演练一下，注意气势和表情都得做足，看起来才不会傻。遇到实战千万别害怕，所有排练过的东西通通拿出来展示，别人听着爽你也会跟着爽。

声音要洪亮，讲话要清晰

　　害羞宝宝最明显的破绽是啥？你会说"眼神"。嗯，这也没错，但是很多人不知道的是说话声音也紧追其后。你说话的音量、速度、音色都反映了你的信心水平。越是有自信的人，说话就越洪亮也越有变化；有信心的人不会半天说不完一句话。

　　很多时候人家听到的不是你说了什么，人家只记得你说话的模样。

　　你说话断断续续又显得迟疑，别人不论听到什么都会以为：这应该不太要紧。

　　你说到一半卡住，别人不论听到什么都会觉得：你到底有没有先想清楚？

　　你说话如履薄冰，别人不论听到什么都会想：你太在意别人的心情。

　　你说话像火车在跑，别人不论听到什么都会怀疑：你是不是紧张过度只想念稿。

对动物说悄悄话

家里有养鱼的可以试试。我知道人鱼殊途,但你要的只是一个彩排的对象,你要的是说话平顺而清晰。你可以想象自己在练习铜管乐器,你追求的是吹出来的音量与稳定。

> **Shybusters 技巧 50**
>
> **有话对金鱼说**
>
> 你不想提早餐,行,重点不在蛋饼,你家里不养鱼也没关系,有狗、猫、袋鼠或镜子也行,总之你要做的,就是维持5分钟的神采奕奕,包括你的声音要稳定而有力,停顿以极少为宜。当然在跟真人说话时你多少得有些停顿,好让对方有意见的话可以参与。不过金鱼如果没有意见的话,你当然可以顺畅地往下讲。

详细的回答，是用心的表现之一

使用疑问词让闲聊延续

很多人在当听众的时候会丢出"嗯""嗯哼""OK""是的""不会吧"这类话来当作串场，表示你在听。害羞宝宝在使用这些"黏着剂"的时候往往会束手束脚，因为他们会担心对方听到的反应。我这里有个建议给所有的人，当然也包括害羞宝宝，事实上，害羞宝宝特别能受益于这个建议，从而与人的对话顺畅无比。

如果你不想一直在那里嗯嗯啊啊，穿插一些问题是很好的办法。"谁""什么""何时""哪里""为什么"，还有"怎么"，也就是五个"W"加一个"H"，你可以善加利用来为自己的谈话造桥铺路。

谈话的途中遇到"停顿"时你可以问：

"谁给你的？"

"她说了什么？"

"你何时发现的？"

"你在哪里找到的？"

"你为什么选这间？"

"你怎么办到的？"

这些问法绝对是双赢，因为多数人都爱说，你问得越多他们越能多说，你也就能免受冷场的煎熬。

若遇到无聊先生在吹嘘他的意大利之旅，你可以问：

"谁跟你一起去了吗？"

"意大利的什么特点让你评价最高？"

"你何时去的？天气如何？"

"你去了意大利哪里？哪些城市？"

"你为什么选意大利？"

前不久我刚好对着一个朋友滔滔不绝，机关枪扫射了老半天我才发现可怜的朋友一声未吭，于是我歇了歇，算是给他一个说话的机会。但他只是淡定地说："再接着说啊，莉尔，我还没听够！"

哇！这种要求我这辈子都没听过，于是我又潜了下去，这一下去又是20分钟，浮出水面我只有一个想法：我这朋友太令人折服了。

闲聊曾经是我的弱点，我觉得我很无聊，所以大家看到我就躲得远远的。我后来克服了恐惧，能跟人在不认识的情形下闲聊两句，原因之一是，我发现别人根本不在乎我怎么想，这也是对的。本来嘛，我的想法他们有什么好在乎的？我发现我偶尔丢一两个问题让他们往下说,他们还挺爱接着往下说的。

——雷夫,肯塔基州格林威尔市

> **Shybusters 技巧 51**
>
> **避免冷场,你问他答**
>
> 多用问句让你说话的对象感到惊喜与贴心,他会觉得原来自己说的话你这么愿意听,并且你也不用担心自己一时想不出更好的话题。

家常就是要长,简短让人感觉很惨

说到问答,你也顺便练习一下回答好了。先来两个错误示范:

"你今年冬天想去哪里度假?""佛罗里达。"

"你妈／爸／哥／姐／弟／妹／老公／老婆／猫咪好吗?""好。"

简短很多时候是种美德,但这里显然不是。一个字的回答除了让人尴尬,也让对话难以为继。为了避免自己被归类为难聊的人,你可以先想好稍微长一点儿的答案,像"我们本来想去加勒比海,但好像有点儿超出预算。现在考虑去佛罗里达,但佛罗里达很大,所以我们还没有确定行程。主要是……"你知道我的意思了吧。

> **Shybusters 技巧 52**
>
> **宁缺毋滥,宁笨勿短**
>
> 不要因为担心问答很平凡从而出口的话都短短的,事先应根据最常被问到的问题想好详细一点儿的答案。用一字回答人家一句话是大忌。

别人会因为你准备答案的用心而给你肯定吗?也许不会,但我说过,旋律先于歌词,口气先于文字,你说话的样子远比你说了什么重要,这么简单的道理,懂吧?这么容易得分的事情,不做吗?

称呼别人的名字需注意次数和时机

每个人都听过自己的名字不知道多少遍,但专属于自己的这一两个字绝不会退出流行,多听一遍都是赚的,都会让人觉得心里某个角落暖暖的。从这个角度出发,你也可以借此给自己在人际关系上加分。叫得出别人的名字就等于你在告诉对方:我有自信,我注意到你了,我把你当朋友。

当然我没办法告诉你叫名字有没有额度。到底聊几分钟的天应该配几次亲热的叫名字,没有标准,这点我想各位可以谅解。但话说回来,只要你用心去做,很快你就可以摸索出名字怎么叫,叫几次刚好。我想我能说的就是见面跟说再见的时候可以多用。"早啊,建民!""今天这么早,伟殷?""先走了,志铃!""再见,威廷!"都是正确的范例。

不过还要小心的是名字叫太多次,别人也可能会觉得你太刻意,太恶心,甚至有人会想说你谁啊,我跟你很熟吗?所以凡事还是要注意过犹不及。

几个月前计算机出了点儿问题,我打电话给客服说我一开档案，屏幕就会跳出错误的信息。我们的对话像下面这样：

客服：您好，尊姓大名？

我：莉尔·朗兹。

客服：您现在坐在计算机前面吗，莉尔？

我：是的。

客服：好的，莉尔，你现在点击两下，点进"我的计算机"。

我：好了。

客服：莉尔，你看到里面的文件夹了吗？

我：看到了。

客服：现在把滚轮往下滑，莉尔。

我：OK。(真是够了，莉尔到底要叫几次啊，我打电话是要修计算机，不是要问我自己的名字。)

客服：好，现在我要你去点那个会出现错误信息的档案夹，莉尔。

莉尔，莉尔，要不是在电话的两头，我真想用铁锤在他的头上面点两下。

稍加练习，你就会知道叫人名字的分寸与时机，这方面的掌握能力跟你的自信成正比。在那天来临前就以两次为限，见面一次，道别一次。

Shybusters 技巧53

调味很好，太咸伤身

名字用在见面打招呼跟分手说再见时，用得好的话可以相当煽情。但还是要注意，叫名字就像煮东西放盐，好吃跟太咸只有一线之隔。贴心跟恶心、羽绒跟猪鬃的差别你不能不小心。

关注热门话题和八卦消息，谈话更默契

谁不知道啊！

不多久前我应酬后回到家，突然大梦初醒，顿悟了一件事情。经过这么多年，我终于像漫画里头上亮起一盏灯那样，突然发现原来聚会时大家聊的话题不外电影、男女、下一代、猫狗鱼鼠、出国、职场、明星、八卦，最多再加上时事，尤其是有死人的时事。

偶尔会有人掉个书袋，聊点儿稍有学问的东西，比方说历史控会聊明十三陵，天文迷会提大爆炸。但总归起来，大部分人聊天都还是世俗得很，意外少得不能再少，而且全天下只有害羞宝宝不知道这点。技巧54就是在讲这个发现。

想想大家聚在一起会聊哪些东西，然后上网搜集一下相关的资料，算是做功课。如果你想到的话题跟时事有关，那就再顺便浏览一下平面或多媒体的头条。采取主动，不要从谈话对象的口中听到政坛丑闻或名人离婚的消息，你应该事前就知道有这么回事情，然后有自己的角度与想法。随机应变的胜算会很小，因为你还没来得及开口，话题就不知道已经变化多少次了。

> **Shybusters 技巧 54**
>
> ### 谋定而后动，想好再出手
>
> 仅知道非洲有内战、西班牙闹独立、菲律宾刮台风、北极在融冰是不够的。把所有可能冒出来的话题都先想过、查过、读过，不用搞到可以写论文的程度（除非你真的要去参加学术研讨会），不用搞标新立异的论点（除非你要面试辩论校队），但你要能形成独特的意见，要对热门的话题有自己的判断与逻辑。这样的工作是例行性的，习惯养成后你遇到话题都可以主动出击，而主动，给人感觉就会比较有自信。

主动发起话题，
当一天的意见领袖

出声，做个有意见的人

我们要懂得引领话题，就像网球的发球局轮到你，要毫不留情地让对手配合你。

你可能听过有人被批评意见太多、主观性太强，而你自己从来不用担心这种问题，因为害羞宝宝多半意见太少或不敢勇敢表达。请你从此刻开始拿出态度，解除自身想法的封印，未来，让你的意见没有极限！

首先把自己的原则、价值列出来。也许你认为温室效应只是神话，也许你觉得电玩游戏寓教于乐，是很好的玩具兼教具；反之，也许你觉得地球变暖会把人类烤焦，也许你认为玩电动游戏会让人类的两腿退化。

这都没关系。但不论你怎么看一件事情，都请你把它想清楚，想好自己有什么立场，也可以上网为自己搜集一些证据。

把建立好的核心论点跟佐证资料对自己说一遍，然后再构思如何能把话题引导到这个你已经是半个专家的主题上。

> **Shybusters 技巧 55**
>
> **意见领袖，今天换你做！**
>
> 不要看别人说话的风向，你应该主动引领讨论的走向。准备好一些你有热情和知识的主题，一点点把话题拉过去，然后再跳出来扮演专家，专家说起话来肯定比较容易被听见！

别走，你的事情还没完

快速整理一下。你目前所知包括：

- 打招呼要先发制人。（技巧 46）
- 回答"我很好"之后不要留空当，立刻开启新话题。（技巧 47）
- 结束你这回合前要丢出问题，让对方不得不接话。（技巧 47）
- 有精神很重要，包括你自己说话的声音和给对方的回应

都要站在高处。（技巧 48）
- ◆ 准备好会被问的职业问题，事先拟好"超阳光"的回答，并记得回马枪，以其人之问题还治彼身。（技巧 49）
- ◆ 用何人何时在何地干了啥事等问题去轰炸对方，不准对话的动能弱掉。（技巧 51）
- ◆ 把对方的名字用来破题与收尾，算是一种方法。（技巧 53）
- ◆ 给所有聊天的话题都先找好答案。（技巧 54）
- ◆ 再老套的问题，都不准用一个字回答，啰唆点儿没错。（技巧 52）
- ◆ 把你有热情和知识的事情当成武器，怎么也得把主题拉到你那边去。（技巧 55）

这样看起来好像已经很多了，但还有最后一块拼图不能少，除非你不想跟人说起话来自信与魅力兼具。

征询对方的意见，
好人缘手到擒来

对话秘籍的最后一块拼图很重要，你不能不知道。在你发表完专家的意见后，记得也征询一下对方的看法。自信的人常常忽略了这点，结果被当成目中无人的讨厌鬼。

在《男性社交能力的行为评估》(*The Behavioral Assessment of Social Competence in Males*)这份研究中，学者选了两组受试者，一组是人缘和女人缘都很好的男生，另一组刚好相反。

研究人员让全体受试者在舞会上跟女生聊天，要他们试着约女生出来。科学家用隐藏式麦克风录下所有的对话。

整体而言，人缘好的男生在发表完高论之后，都会问问女士的意见。没人缘的男生则不太会这么做。结果是前一组成功约到女生的概率远高于后一组，差距非常悬殊。

当然不只是约女生（或男生）的时候才要这么做，我们即便是面对同性，也应该让对方有说话的空间，这样才能得到对方的喜欢与尊重。

> **Shybusters 技巧 56**
>
> ## 让对方也发言
>
> 在用上所有的招数，让自己顺利地说完之后，别忘记把麦克风交给你的朋友，让他或她也可以辩说才无碍，让对方也发言，换你当个优质的听众。等朋友畅所欲言之后，你再提供一些反馈。只要能反复这样的循环，沟通对你而言就可以自在、愉快又精彩，自信也会随之而来！

多加练习，有天你自然会大梦初醒地告诉自己：我行！我现在和人说话就像呼吸，无所畏惧！那么下一站，跟害羞说"再见"！

倾听、点头、微笑，就对了！

我想跟大家分享一件事，算是给大家一点儿鼓励。你每多掌握一项技巧，我相信你跟人讲起话来就会更顺利，但在你打完通关，毕业下山之前，有件事我想你应该知道，那就是要让人记住你、喜欢你，不一定要靠说的。

我的朋友达菲给我上了一堂眼神交流课之后隔了几个月，有天我们在电话上又聊到这件事。"达菲，我现在都敢看乘客了，而且看眼睛也没问题。"

正当我唾沫横飞、滔滔不绝时，达菲又故作神秘沉默了起来，我知道她又打起了歪主意。

"你可以一个小时以后过来找我吗？"她问。

"嗯，可以啊，可是……"她没等我把话讲完就挂了。

一小时后我到了达菲面前，她劈头对我说："今天开始是博士班。"她显然很享受当我的心灵导师。

"今天有一场午餐会，我妈会去……"这次换她还没说完，我已经面露惧色。"别怕，"她看出来了，"不是什么很严肃的场合。

这次除了眼神接触外,我要你仔细听人说话,听的时候要微笑,听完一个段落就稍微点头。"

"我不行啦,我没办法和陌生人聊天。不可能,不可能。"

"哎,你说到重点了,莉尔小姐,我不用你去跟人说话。今天的主办单位是一个旨在帮助新移民人群融入美国社会的组织,我妈是里面的志愿者,举办这个午餐会就是要欢迎14位新朋友,也是'新美国人'。我在想他们的英文应该都还没好到可以跟你聊天,所以你可以放心去,没有压力。你不用开口,就笑、看人以及点头就好。"

现场是一个热热闹闹、人声鼎沸的希腊餐厅,也有卖酒的地方,希腊人当然说希腊语,我猜啦,因为我完全听不懂,搞不好他们都在说中文也不一定。达菲妈坐在一张大桌旁,一起的是达菲说的新朋友。达菲亲了妈妈的脸颊,帮我介绍了一下。然后达菲妈要我跟她坐一起,免得我什么都听不懂。

没有让你上台表演

达菲这时使了个眼色。"不可以,莉尔你去坐在小李跟小史中间。"我瞬间感觉像熊猫被丢到狮子中间。

互相自我介绍的时候,小李跟小史笑得很开心,我笑得很无力。

"别怕,"达菲跟我说,"我跟他们说过你不懂希腊语,那我去跟我妈坐一块儿。"

"达菲，你不要走啦！"但她没理我。

接着，服务生放了一盘很"特别"的食物到我面前，感觉像是章鱼的冷盘，还附了酱。小李示意要我尝尝看，我只好勉为其难吞了一口那黏糊糊的东西，然后还很刻意地点了点头，外加小小地手舞足蹈一番表示满意。

不知不觉中，我放下了，不那么紧绷了，这连我自己都不太相信的事情真的发生了。达菲作为一位不请自来、没有执照的"伪心理医生"，应该会以我为荣吧。这是我第一次跟一群陌生人同桌，但没有想披上隐形斗篷。事实上我还特意坐好，把头发放下，对着店里另一头的希腊帅哥抛了个媚眼。

果然人不能得意忘形。对面那位被我"撩"起来的帅哥跟同桌的朋友告罪起身，开始朝我的方向走来。他显然是冲着我来的，怎么办？搞不好他懂英文，那我不就得跟他说话了。

他很绅士地弯身算是行了个礼，用希腊语（应该是）介绍了他自己。达菲见状赶紧"上场救援"，于是帅哥对着达菲说了两句，达菲转头对我笑了笑说："莉尔，阿泰想约你。"

"哈？你说啥？"

"他没跟你开玩笑。"

"你是在开玩笑吧？达菲小姐！帮我翻译一下，就和他说谢谢他，我很荣幸，但是我结婚了，不然就和他说我是艾滋病患者，编理由不用我教你吧！"

达菲果然不负所托，帮我解了套。然后聚会接近尾声，每个人都笑着过来用希腊语跟我握手道别，这证明了虽然我一声未出，但倾听让我大受欢迎，搞不好很多人以为我只是喉咙痛，而不是不懂他们的语言。

回达菲家的路上,我给自己打了分数,评语是我今天感觉还不错,在人堆中没有特别不自在。

"那是当然的啊,"达菲接着我的话说,"平常心的关系啊,你今天又不是要登台表演。"

我怎么没想到!达菲是对的。又不是去奥斯卡奖当表演嘉宾,我在那儿紧张个什么劲啊?不想说话就不要讲,难道会怎么样吗?至于说了什么也不用放在心上,搞不好人家根本听不懂你在说啥。

不想说话完全没关系哦

现场没人会说英文是比较极端的状况,你能放轻松是因为你说错话或出丑也没人听懂;同样,如果现场的人全部跟你素昧平生,未来应该也不会有什么交集,你也可以用一样的道理让自己轻松一些。

其实说真的,就算是全国英语演讲比赛的精英联谊会,而且里面有不少人认识你,你也不需要特意表现,因为没人要你临时演讲,你不想说话就不要说。但有件事你不能不做,那就是听、笑和点头。这三种元素加在一起,你的友善就能表露无遗。点头与笑容攻势越强劲,你的好个性就会越受现场肯定。

Shybusters 技巧 57

没别的，倾听、微笑、点头就对了！

别担心你参加活动前没拟好稿子，只需遵循人类聚会的铁律，倾听、微笑，适时点头就对了，我保证大家都会很喜欢你的，因为一个热闹的场合永远需要好的倾听者。你不见得能上镜头，但最佳人缘奖你肯定有机会。当然你准备好了想说话，那就更好，只是不要有压力就好。

奈特，我一个好朋友，话不多，但我不管跟他说什么他都愿意听，而且听完都会热情地笑着说"是的"或"真好"。他的反应好像一面乐观的透镜，什么话穿过去都会进化成更好的东西。跟他互动就是舒服，美丽而干练的律师黛博拉显然也这么想，她最近有了个新的身份——奈特的新婚妻子。

我问过黛博拉和奈特是怎么认识的，她说奈特原本是她服务的客户，"他真的是很乐于倾听，也很风趣，"黛博拉想了想，"然后他笑起来有点儿傻傻的。"我想她说的傻是可爱的同义词。

坚持你所热爱的，别人终将发现你

热情会让你快速被人看见

真的对某件事情有热情的话，害羞就不是什么太大的问题了，因为热情可以让人忘我，忘我当然也就忘记害羞了。忘我的你开口说话，只会担心词不达意，热情传不出去，而不会担心别人喜不喜欢你。热情一现身，害羞就只有靠边站的份儿。若说热情如火，那害羞一定是正在融化的冰。

我有过这样的体会，那年我才 12 岁。当时我们隔壁贝克家有两个男生，唐尼跟巴比，他们很喜欢欺负我，所以每次他们在外面玩，我就赶紧跑回家躲着。

有个星期六下午，我在家门前的走廊写作业，写着写着，贝克家后院又传来熟悉的笑闹声，于是我赶紧收拾好作业要往家里钻，但说时迟那时快，背后一声动物的尖叫声划破天际，这让我转过身去。

我看到的是巴比抓着一只可怜的流浪猫的尾巴在甩，开心地把这条生命当玩具在玩，唐尼则在一旁用水管喷猫咪助兴。那一瞬间我完全没有害羞的感觉，我丢下作业，本子散得满地都是，我只管拉高嗓门对着这两个小人渣尖叫，就像老鹰准备要向下俯冲之前一样。

这两个男生不以为意，还是挂着笑容，甚至还把手举得高高，一副很光荣，还怕我看不清楚他们在干吗的样子。不行了，我理智整个断线，气到快失去理智的我肾上腺素爆表，我顺手抓起车库门边的铲子，高举过头，心里喊着"杀啊"，就朝着他们冲了过去。

吓傻了的两个人松开了猫咪，开始逃命，猫咪才得以脱身。我要猫咪回到它的主人身边，那是我当时唯一的想法。

这一切都发生得太快，直到回到自家门廊，我才意识到自己手上抓着一把武器。一开始我也不相信自己会有这样的勇气，我想是对动物的热爱让我本能地有了那样的反应。

多年前我曾在大学兄弟会的"社办"当DJ播音乐。我很喜欢音乐，只要DJ的状态一上身，我就会像吃了无敌星星一样，什么人过来我都能好好说话，包括我平常只敢远观而不敢说话的女同学。有些女生会过来跟我点歌，这也让我的信心增强了不少。

——巴迪，加利福尼亚州洛杉矶

忘掉自卑，勇敢表达

很多书里说参加研讨会可以让害羞好一些，那些书的作者会建议你自愿发讲义、搬东西，这些都是很好的，甚至可以说是非常好的建议。但如果你去参加研讨会只是因为那里人多，那你还是没把焦点从自己身上移开。试想，如果我是在动物保护协会的聚会上，而不是在我家后院遇到巴比跟唐尼，我满脑子想的应该还是自己，而不是需要救援的动物。

重点在于当你真的对某件事物心生热情时，你会忘记自己，你会把你的热情放在自己之前。

我现年48岁，11年前离婚，当时我觉得很难找到第二春，因为我不敢参加聚会，也不敢和异性说话。不过我一直都很喜欢酒，也自诩是品酒达人。最近我开始参加一些酒类的鉴赏会，也遇到了一些很不错的男士，因为大家都是爱酒之人，所以跟他们讲起话来很自然，一点儿都不会尴尬，也不会紧张。

——唐娜，西弗吉尼亚州马丁伯格市

你呢？你对什么事情有热情？

环境保护？要不要去净滩？

非洲饥荒？捐献食物每年都有活动。

医疗保健？你可以固定去献血，还可以发动社区居民一起加入。

儿童福利？你可以号召爱心人士捐赠礼物，逢年过节给孤儿院的小朋友惊喜。

加入热情所在的团队，你脑子里就不会出现"我好不好看""我好不好笑""我讨不讨人喜欢"，你想的会是："动物/弱势长辈/单亲孩子/酒驾受害者/非洲饥民/灾民需要什么？大家能做什么？"心思被其他事情给占据了，害羞这点儿小事就无立足之地。另外，志同道合的人在一起，也容易产生值得维系的友谊。

> **Shybusters 技巧 58**
>
> **找到热情，让热情带动你**
>
> 深思一下你在乎什么，什么事情让你魂牵梦萦。想清楚以后就去参加相关的活动，上网或看报纸都可以找到这类信息，问题只在你想不想、有没有行动力。尤其如果当地有一些非主流甚至小范围流通的报纸，上面应该都可以找到你感兴趣的活动或诉求。

不要为了参加而参加，有热情是大前提，有热情的事情你才会有动力一直去做，才不会后继无力，你的害羞问题才会得到缓解。

热情可以解决很多事情

热情的力量超乎你的想象,即便哪天你很有自信了,热情也可以让你的心理素质更上一层楼。

就拿我自己来说吧,即便我自认已经克服了害羞问题,上台演讲还是会让我很紧张。我开过一家小公司叫"海上表演厅"(Showtime at Sea),合伙人奇普是个工作能力很强的人,我们一起从事的业务是替游艇设计余兴节目。算是出差吧,我们一起走过世界上很多角落,我发现奇普除了能力强,也真的是一个善良而体贴的好人。

他不幸染上艾滋病毒,我身为朋友,陪着他度过了人生最后一段不算好走的道路。在他的葬礼告别式上,他的姐姐问有没有亲友想要讲几句话,结果有三四个亲戚起身说了些奇普的好,听着听着我发现他们对奇普在工作上的成就一无所知,对他们来说,奇普就只是他们看着长大的远房外甥或侄子而已。

后来我实在听不下去了,我的手像火箭升空一样举起,人则像装了推进器一样冲到台上,我想把我知道的奇普告诉大家,结果那个在工作上才华横溢、私底下充满爱心的奇普让我欲罢不能地讲了20分钟,我完全忘记自己"应该"害羞。

那是我第一次在一群人面前畅所欲言,但我完全没有想到这一点,至少当时没有。我上台只是单纯出于想跟人分享奇普生前的美好,让他的家族即便在他死后,也能正确怀念这位心美的才子。

后来想起这段经历，我才恍然大悟那是我面对害羞的一大突破，是我日后成为专业讲师的起点。没有奇普，没有那天，多年后的我不会面对上万人的场子也无惧色。

发掘你的天性，热情会带着你穿越死荫的幽谷。

09
chapter

七个大师级技巧，让你成为人群中的灵魂人物

你玩过大富翁吗？知道那沓名叫"命运"的卡片吗？有时候你运气不好翻到"进监狱"，就得立刻到牢房后面报到，而且还不能领通过起点的那两百块钱。

放心，你不会因为从技巧1到技巧58没全部做到就被抓进监狱，但如果你真的还有没完成的作业，那我得送你回这本书的起点。这58个学分都是必修的，没通过的话后面的课程就会挂科。

从此刻开始，我们要进入"进修级"的课程。入门弟子才能学到的这些高阶技巧牵涉相当广，欲练神功你得发疯，得不怕动物，得豁出去，得麻烦好友，得吃，得演，得花钱，还得跟陌生人在生命中交会。嗯，先这样。

要说这些高阶技巧有相同的一点，那就是它们都很管用！

渐进式搭讪

首先，把技巧16、技巧17中你列的清单拿出来。在技巧16的那张清单里，你列出了会让你冒汗、心跳加快、整个人几乎要崩溃的情境，然后在技巧17的清单上，你把这些情境按你害怕的程度加以排序。

把这张黑名单放在桌边，把行事历[1]放在另一边，然后开始自己一周一次的挑战（简单的挑战也可以隔几天就好）。挑战的可行性当然一定要考虑进去，你总不能请一个礼拜的假去做SPA，然后跟老板说这是要克服你对按摩的恐惧吧，这种事情还是周末自己找时间去做就好。

---

1 行事历：是指将做事情的计划按日期记录在日历上，形成的计划表。

关关难过关关过

每完成一个挑战,就把挑战的难度再提高一些。假设你的目标是能跟人随兴聊天,那你每周的进度表就会像下面这样:

第一周:趁坐电梯的时候跟你认识的人聊天。等到这样做没有问题以后,再开始跟有点儿熟又不是太熟的人说话,最后你就可以在电梯里跟不认识的人有来有往。

第二周:下班后散个步,沿路试着对人微笑。有些人比较好亲近,也有些人比较冷冰冰。你可以先从在学走路的好奇宝宝开始,慢慢再挑战看起来凶巴巴的阿姨,最后你甚至可以挑战你喜欢、最不希望失败的异性对象。

第三周:先加入公司饮水机旁的八卦讨论团,几天后再邀同事一起吃午餐。

第四周:这周的"主题"是随机向路人问路或问时间。"对不起,请问现在几点啊?"等到这样感觉不紧张了,再开始跟一起排队结账的人聊天聊长一点儿。你可以恭维他们的小孩很可爱或衣服很好看,也可以问某位主妇她推车里是什么菜,怎么料理。

第五周:公司开会的时候多举手说话,对别人的意见提出看法,等到你不怕了,就开始主动说出自己的看法或提一些企划案。

第六周:打电话给异性,不一定是你喜欢的异性,然后问她或他要不要跟你一起去参加活动。女生也可以打给男生,现在是21世纪,女生主动已经很正常了。

等到和不是你喜欢类型的异性可以好好说话了，下一步就是打给你喜欢的帅哥或美女。

按照这样的进度去自我挑战，你可以把循序渐进、一步一个脚印的好处发挥到淋漓尽致，"GET"的做法就是可以滴水穿石，不敢表达对你来说终将只是一时！

> **Shybusters 技巧 59**
>
> **疯狂大挑战**
>
> 像个制作人一样，用技巧 16 里的黑名单去设计专属于你的直播节目，做法是每周从名单上挑一项任务去挑战，然后每天都有一个阶段性目标要完成。对当天的表现如果不满意，可以自己决定重修一次、两次、三次都没有关系，每个挑战你一定要成功、很彻底完成才行，这是在为你最终的成功打底。

好心提醒你：找理由是人性，不要给自己推托的机会。把所有可以逃避的洞都堵住，让自己每天一定要面对该面对的挑战，比方说你可以告诉大家自己要干吗，让周围的人每天追着你问，这样你就会有压力而不敢想东想西。

加入午餐闲聊组织

午餐时间是让别人注意到的绝佳时间

既然每天都要自我挑战,每天都要吃饭,那为什么不把两件事合而为一呢?不过早餐吃得太早,晚餐吃得太晚,那就以中餐为主吧。是的,你可以每天中午多安排一个加分题,让自己的信心多一点儿练习。

假设你固定在公司的自助餐厅吃午餐,那你一周的行程可以排成下面这样:

周一: 早上经过公司的自助餐厅时问一句中午有什么好菜。

周二: 跟餐厅的人员多聊一会儿,夸奖一下昨天的菜有多好吃,问什么时候再有。跟厨师说你想要某某菜的食谱,问可不可以把里头的玉米换成别的东西,诸如此类的话题你都可以自由发挥。

周三: "路过"同事的位子,问他是否推荐正在吃的火腿蛋。

周四：邀请他人中午和你一起吃自助餐。

周五：找一桌你认识的人问可不可以一起吃。

其实不一定非要怎么做，重点是每天都找点儿事做，做了就一定会有收获。这就像锻炼一样，你可以随着肌肉变大而慢慢增加杠铃的磅数，突然超负荷的话会有受伤的风险。正确的做法是每天慢慢增加肌肉的负荷，让二头肌、三头肌有时间达到你想要的水平。

训练自信就跟练二头肌一样，心急吃不了热豆腐，你想一步登天只会让自己摔死。你应该在自己的脚上每天多绑一点点重量，很快你就可以健步如飞。我知道我很啰唆，但我必须再讲一遍，几乎所有专家或医疗人员都推荐暴露式的"去羞"方式。

Shybusters 技巧 60

让自己一点儿一点儿自信起来

每天给自己一点点挑战，也别忘了慢慢从最简单到最难。

先准备好终极惩罚，让自己没有退路，无法找理由。假设你今天设定的挑战是邀请人和你一起用餐，而你没有做到，那你就不准吃饭。人饿起来什么事情都做得出来，相信我。

拿商场里的售货员练手

只是看看而已

跟销售人员互动是非常好的社交练习，你喜欢购物的话跟他们聊天更是有趣无比。一线的零售业柜哥柜姐的工作就是和人说话，他们对找他们说话的人几乎是来者不拒，所以千万不要浪费这种唾手可得的资源，这对需要练习说话的人来说，是取之不尽、用之不竭的资源。

我很讨厌买东西，因为我不敢跟店员说我只是随便看看，最后什么都没买会让我觉得内疚，尤其是很多店员自动介绍起来，我会不好意思。很多东西我都是用网购，但其实我也很讨厌网购，因为不能试穿，退换货也很麻烦，我会网购是因为不用跟人面对面。

——潘蜜拉，俄克拉何马州土沙市

我寄了电子邮件给潘蜜拉,请她不用为这种事情内疚。我跟她说的也适用于每个人,我说的是店家或店员并不期待你买,因为经验告诉他们,每20个人进店里看来看去,只会有一个人掏钱或刷卡。此外,很多店员的工资是固定的,所以你买不买跟他们也没有多大关系。

就算你真的有东西要买,你也大概想好要买哪种了,到店里也不要太干脆。你还是应该问店员有无别的选择给你看,并且征询他们的意见。

你觉得他们会因为你没有买他们推荐的产品而生气吗?我不敢说绝对不会,但即便如此那也是很好的练习,你本来就应该坚持自己的看法。

Shybusters 技巧 61

爱买没有错,不买怎么活

腾出工作日晚上或周末的时间去买东西。很多人爱去大商场只是觉得好玩,而不是有什么东西非买不可。千万不要觉得一定不能空手而回,或因为买得太少而良心不安。把重点放在跟卖熟食的、送试吃的卖场员工聊上几句,问问他们的各种建议。如果真想买的话,再酌量买点儿东西,隔天或隔几天再重复这样的过程。能做到这样就代表你不会被害羞牵着鼻子走了,这样的你知道被卖东西的人瞪一下,人也不会怎么样。

养一只显眼的宠物，通过它交友

养狗不是乱养就行

当然，和陌生人闲聊很能增强你的信心，但如果不用机关算尽去跟人搭讪不是更惬意吗？甚至你能让别人来跟你搭讪，对你笑，说你好，问你可以滔滔不绝回答的问题，不是更好吗？

我相信在别人给你的一大堆意见当中，一定有"养狗"这一项，而且搞不好还是排名很靠前的一项。但我相信他们一定没有讲到一件事，那就是你要找只特别一点儿的狗。所谓特别，是说能让人在街上被你的狗吸引住时，让你有借题发挥的空间，你可以说说自家狗狗的来历跟血统，我相信你一定不会没话说。

找只跟你有点儿神似的狗

有办法的话,找只跟你有点儿神似或个性有点儿像的狗狗。"啥?"你会问。

说真的,主人跟宠物间也可以有天作之合,而且这样的组合有一种难以言喻的吸引力。我在纽约见过一位女士牵着她的阿富汗犬,大摇大摆地走在第五大街,我会记到现在是因为她跟她的狗狗都有着克什米尔等级的毛发飘扬在风中,而且人、狗都很会扭,从后面看来就像在走台步一样,会让人想到模特。

女人的首选一定是母狗(请平常心,不要对号入座),而且就像那只阿富汗犬的女主人一样,你们可以把发色弄得一样,我保证看到的人都会在心里点赞。

男人,贵宾犬跟博美狗就别想了,你最好选大麦町、杜宾狗或黄金猎犬这类。矮一点儿的,你可以选乍看之下凶神恶煞、长得像拳王的斗牛犬,不过得注意的是请找面恶心善的斗牛犬,不要找真的很凶的,那样会有反效果。

当然有些特殊的品种不便宜,你也不用去跟人比财力,因为重点在有特色,不在于花钱,甚至我很鼓励大家去领养,这样不用花钱,更可以减少动物买卖的弊端。很多可爱的狗狗都在等待主人,等着跟你创造你们共同的开心回忆,这对人和狗都是好事一桩。

Shybusters 技巧 62

招摇过市——把会走路的广告牵着出门

男人拉着大狗会很有魅力,女人用名牌狗链牵着小狗也很时尚。另外,准备一些和狗之间的故事,然后就等着狗狗无法阻挡的魅力。

为明天的社交活动提前做好演练

"四眼天鸡"症候群

假设害羞宝宝公司的迎新活动今天中午在附近一家餐厅举行,他不能不去,但到了餐厅门口他迟疑了。我要跟新同事握手吗?会不会没有我的位子?我的包要放哪里?万一我把水给洒了,很丢脸怎么办?如果我忘记人的名字怎么办?如果我坐到仇人的旁边怎么办?说真的我得夸奖害羞宝宝一下,他们真的有潜力成为很好的编剧,超会编故事。

说到故事,你知道《四眼天鸡》的故事吗?影片讲述一只小鸡被橡实砸到,就以为天塌下来了,而很多害羞宝宝就跟四眼天鸡是同一个等级。他们的共通点是只要遇到不熟悉的事情,就会自己吓自己,他们相信所有坏事会在最糟糕的时间点,全部发生在自己身上。

但我得说,你真的是在杞人忧天,其实你知道什么状况该怎么应对,你只是以为自己不行。有个研究者给害羞宝宝出了各种棘手的社交状况题，当然这是单纯的口试，结果受试者的得分出奇的高，可见怎么做他们不是不知道，他们只是不确定自己到时候做不做得到。

你在想自己到底该不该握手？其实你知道可以先看看其他人有没有在握手。

你怕水洒出来会很糗？其实你知道赶紧擦一擦就好，搞不好没人会看到，就算看到了又会怎么着。

你怕忘记名字、叫错名字？其实你知道说声对不起就好，没什么大不了。

问题是害羞宝宝也许知道这些答案，但一紧张他们就会忘掉，然后当场变得手足无措。这就是为何上次你把杯子推倒，果汁流到邻座同事的腿上，你会觉得自己的屁股上黏了3秒胶，全身怎么都动不了。你会觉得有闪光灯像连珠炮似的打到你的脸上，仿佛狗仔队会把麦克风凑上来逼问你怎么办。假设你遇到这样的状况，应该怎么处理？

场景预设

你一定知道有运动员会在脑海里想象自己的成功，这是很多心理学家建议他们的做法。你也可以如法炮制。

假设你要参加一场晚宴的应酬。

第一步：出门前，把所有最糟糕的状况都写下来。如果我打嗝打到让人听到怎么办？如果我打碎酒杯怎么办？如果我将热汤洒了，烫得自己哇哇叫怎么办？

第二步：吓完自己以后，想想如果别人发生这些状况，他们应该怎么办？别人的问题通常你都可以回答得很冷静，条理很清晰。

第三步：闭上眼睛，在脑海里想象你遇到上面各种状况，想象你把给别人的建议用在自己身上。用同样的流程把每种状况都过一遍，直到你觉得自己的紧张好一点儿。

做好这些准备之后，即便最坏的状况如你担心的不幸地发生了，你也不用怕自己不知道该怎么办，你的身体会按照演习的流程自动避难，你可以顺顺利利渡过难关。

各种运动的金牌得主都想象过自己第一个冲线，接受大批观众的欢呼与记者媒体的簇拥。"视觉化"就是这么好用，不然也不会有那么多人在用。

Shybusters 技巧 63

想好灾难如何应变，在脑海里上演一遍

把所有最悲惨、你最不乐见的状况都先想一遍，算是一种发泄，然后再冷静地穿上你为今晚挑好的鞋，带着你预备好的解决之道大步向前。十有八九你的想法都是对的，重点是透过事前的视觉化让你临场发挥出来。能做到这样，礼仪权威艾美·温德碧（Amy Vanderbilt）夫人在天之灵也会保佑你的，就相信自己一次吧！

"我完全不知道该怎么办！"

当然，凡事都有例外，遇到神也不太确定该怎么办的状况，我们这些凡人不论害羞不害羞，又该怎么办？比方说叉子掉了，这时你心里可能会有几种声音：

嘿，你真的是奶油桂花手，还不快把叉子捡起来！（选项A）

拜托，你懂不懂卫生啊？叫服务生给你一个新的吧！（选项B）

笨蛋，叫服务生不就等于告诉大家你像4岁小孩一样把餐具掉到地上，假装那叉子跟你没关系吧。（选项C）

等等，叉子亮亮地躺在那儿也不是办法，还是神不知鬼不觉把它踢到桌子底下吧，反正你还有汤匙嘛，用汤匙不能吃东西吗？（选项D）

就在你盘算着各种奇怪的可能性的同时，有人发现你面露惊慌又神色僵硬，于是有人问你："你还好吗？"这会让你窘到想死。

我曾经亲身经历过上述的叉子危机，当时它掉在了我的椅子下面。我知道用汤匙吃豆子会很奇怪，所以就索性都不吃了，等回到家吃自己的三明治。我抽出了尘封已久的艾美·温德碧夫人的礼仪经典，那本书写于1956年。果然，在泛黄而有了年岁的书页上，我开怀了，答案是B，示意让服务生来帮你解围，并得到一根金叉子，呃，是新叉子作为奖励。

除非你已经非常有经验与自信，否则礼仪百科是你的好朋友兼社交导师。我知道礼仪这个词有点儿老派,但是其实礼仪书也在与时俱进,早就不是你想象中死板的"新娘的妈妈应该穿什么"或"朋友结婚应该包多少红包""非对象的异性生日该送什么礼"这样的问题,更不会跟《情书大全》一起捆在二手书店的角落里。我个人眼下最推荐的,是《曼拿小姐的千禧年圣典》(*Miss Manner's Guide for the Turn of the Millennium*),里头有一章节标题是《如何避免呆呆地站着》。

各位,千万不要在内心里暗暗地想打退堂鼓绕过这一关,书中自有颜如玉,书中自有自信心。

Shybusters 技巧 64

大师在说,你有没有在听?

找本好的礼仪书来读。没人敢说自己哪天会遇上"餐桌上的南海大海啸"或脚踩到婚礼上主桌的桌巾一角,到时候你就知道什么叫作"书到用时方恨少"。有专家的意见在心中作为后盾,你的焦虑一定会减少一点儿。这就像你知道交通规则后在路上骑车一样,至少警察抓不到你的把柄,他顶多就是笑你骑车有点儿慢,但绝罚不了你的单。

尝试表演话剧，锻炼展现自我的能力

终点有影了

在亲身尝试了上面介绍的种种方法后，我慢慢觉得害羞的阴影开始向后退了点儿。除了这些"特效药"以外，我的空姐生涯让我足足有两年的时间反复对无数的旅客说"咖啡？茶？（还是我的电话？）"，这些经历也增加了我不少的实战能力。这时的我虽然觉得终点有影了，但就像电影里还少了最后的高潮一样，我总想着，也渴望着自己应该再与人群好好"厮杀"一番，才有资格受封为有信心的骑士，于是连着两个夏天，我上了游轮，做起了接待的工作。

能得到这份我心目中的好工作，是因为我把技巧 19 又试了一次。早上我在家鬼吼鬼叫、手舞足蹈了一番才出门去面试，然后遵循技巧 38 的指示，我先约了没那么想去的另一艘船探探口风，才去了我心目中最想去的那艘船面谈。

身为游轮上的接待人员，我的职责之一是在船出航后立刻办一场单身派对。随着彩带落尽，送行的亲友离去，我会以主持人之姿邀请未婚男女进到舞池里。这是每周一次的例行活动，而每次一开始都会固定上演男生偷笑、女生摇头的戏码，原因是这些青年男女很快会发现男女比例是一比三，所以想找对象的男生尽管上船，而女生就平常心一点儿吧。确实，在封闭的船上，男生较少会比女生吃香。

慧眼识英雄，良驹亦需伯乐

有次在活动上，我注意到有位男士很反常地落单了。我过去关心了一下，他很周到但略显迟疑地跟我问了声好，很有礼貌，只是声音小得不得了，让人有一种置身在图书馆阅览室的错觉。一般人的害羞雷达不会那么敏感，但我本身以前不敢表达，所以瞬间警铃大作，就像 X 战警一看就知道谁是变种人。

我知道一周太短，我帮不了这位奈德先生，但我还是本能地想死马当活马医医。活动隔天我邀请他到甲板上喝了杯咖啡，跟他分享了我对抗害羞的心路历程，听完后他看起来好了一点儿，他说他知道自己声音很小，准备去上说话课。

听他这么说，我想起还是高中生的我，也曾想通过学习演讲和发声来帮点儿忙。话说我妈就是教演讲的老师，而且还是美国数一数二的名师。我想近水楼台，就跟我妈学吧，我打的主意是让自己音量变大，不要让羞怯从声音中就被发现。

但我妈说学演讲对害羞没用。她是对的。研究显示上演讲课不是害羞的解药。要克服害羞，让声音传达出信心，有更直接的渠道，而且那还是条笔直的大道。

"奈德，我给你推荐一个办法，会比去上演讲课更有效，你愿意听吗？"我试探性地问他。

他一脸狐疑地望着我。"你说说看。"

我说了。

"我考虑看看。"他仿佛含着无形的卤蛋回答了我。

那个星期六，游轮行程告一段落。我跟有着数日之缘的游客们道了别，给了奈德一个祝福的拥抱，然后望着他的背影走下了船。

"奈德，保持联络。"我顺势补了一个秋波。

但我当时也只是说说而已，没想到事隔一年，第二年的夏天，我服务的船来到纽约，才一靠岸，就有人送上一打玫瑰到我的舱房，上面的卡片写的是：亲爱的莉尔，我是奈德——去年那个害羞的游客，你可以上岸一聚吗？我有话跟你说。

我下了船，开始在人群中搜寻怯生生的奈德，结果我还没找到他，就听到有人以超乎人声嘈杂的音量叫着我的名字："莉尔！莉尔！看这边。"喊声的来源是个生龙活虎的家伙，挥着手朝船的方向跑来。

"奈德？"我的声音听来一定很不可置信。这跟我印象中那个害羞的奈德简直判若两人。

弄假成真

在港边的咖啡店坐定,奈德告诉我他听了我的建议,报了演员训练班。他目前已经演过三次舞台剧了,最新接下的角色是《欲望街车》里讨人厌的大嗓门史丹利。想象着奈德穿着T恤在舞台上说着台词,灌着啤酒,对着戏里的老婆打骂,我有一种恍如隔世的感觉。

"莉尔,"奈德说,"太神奇了。"他说因为演舞台剧的关系,他现在已经可以不用麦克风就让声音传到最后一排,还说他现在懂得运用肢体语言来辅助沟通了,另外就是排戏时需要的眼神接触让他的人生有了天翻地覆的转变,他说得口沫横飞。"如果我可以在100位观众面前演出三种个性,当然也可以在20个新朋友面前充满自信。"

我害羞的问题能有改善,转折点是我的好朋友拉我加入了话剧社。我们一起排戏,其中一幕是我要演一个超级外向的阳光少女。一开始我怕得要死,但在融入了角色以后,我反而就算下了台也不太害羞了。

——亚莉莎,华盛顿特区

"那还是我吗？"

奈德的遭遇让我既惊讶又开心，后来我也会在害羞研讨会上推荐有同样困扰的朋友去学演话剧。有时候他们会抗议说："在台上演出外向是一回事，下了台还继续假装外向，那还是我吗？"

当然一开始，你会觉得这跟原本的自己有些许冲突，但你不就是不满意原本的自己才想要改变的吗？你不是希望化身成新的自己，希望能充满自信让人看见吗？

在演话剧的过程中，你在很多事情上还是你自己，包括信仰、价值与原则，不同的只是，你的声音会变大，信心会增强，因为如果你不大声后排的观众根本听不到。有份研究是这么说的：害羞的人会担心自己的行为不能反映出真实的自己，但跟像梅丽尔·斯特里普这样戏路很广的演技派一样，你必须学会抹去所谓"真我"和角色之间的那条界线。

不知道你是否听过有位很好笑的演技派唱跳女丑，她真的很有料也很好笑，重点是她小时候真的是一个极度害羞的宝宝。她就曾现身说法表明演话剧对害羞的神奇疗效。

走出自我，进入角色，匿名躲到剧本的背后，每个人都能演出精彩的人生。

——卡洛·柏奈特

Shybusters 技巧 65

假到真时真亦假

在舞台上假扮别人，可以让你在现实中把最重要的"自己"这个角色演好。去学演话剧吧！用大动作、丹田发声，用锐利的眼神去征服台下的观众与未知的前方。

多听正面的声音

把信心下载到你的耳膜里

开车的时候,你会听着音乐,自己配上下面这类歌词吗?

我就是不自在啊,没人看不出来。
这儿我谁也不认识,我站着就像个白痴。
逊毙了,我完全不敢看人,
也不敢约我喜欢的女生。
说了被拒绝就算了,还会被当成笑柄。

有些害羞的驾驶员为了让脑中 24 小时的自我批判消音,会把电动车窗关上,把广播音量开到最大。他们想说这样可以分散注意力,但才到第二首观众点播,这些自言自语就变成另一种背景噪音。

音乐关掉，自信打开

先别管旋律和歌词，你听过"以毒攻毒"吗？嗯，这概念是说你要对抗某种声音，就只能用其他的声音，你不能用明朝的剑去斩清朝的官，就这个意思。有声书是正向态度的宝库，就等你一声令下把悲观扫出你的意识中枢。

最近我改掉了开车时听音乐的习惯，开始放起有声书。说到培养正向思维的说书人，您当然是我心中的王者迈克尔·杰克逊，您的《说话的信心》就是流行乐之王《战栗》；勉强要选个第二的话，那只能是博恩·崔西的《销售中的心理学》吧。它们除了对我在工作上有实质的助益外，更重要的是让我的思绪不会乱飘，而能够专注在未来的计划上。

——威尔，伊利诺伊州芝加哥市

威尔真好，来信还会提到我的有声书，但其实我觉得大家想听什么都可以，不一定要跟沟通、自信、人际关系有关，你就是找你有兴趣的东西，比如庞德教你怎么修车啊，谐星老师谈居家风水、收纳技巧啊，你开心就好。重点是利用开车的时间多少学点儿东西，让你下了车之后变得更有话聊。

Shybusters 技巧66

人可以闲着，耳朵不要

市场上有很多有声书，网上也能下载。如果不想花钱，可以听一些免费的音频。总之不要让你的耳朵闲着，不要让开车、跑步或闲逛变成单一的事件，听点儿东西才是王道。虐心的自我批判就可以停止了，欢迎热血的、有趣的东西光临。负面思想有毒，赶紧吐一吐，心理健康才能勇敢表达，从而被人看见。

不喜欢非文学的有声书，别忘了可以选一堆小说，我在这里就不帮忙打广告了，反正能出有声书的小说都不会太差，不论是怪力乱神还是风花雪月，都比你在那里自己吓自己好一万倍。

10
chapter

如何让TA看见你，
对你欲罢不能？

很多人想当然地觉得人如果害羞，在床上的表现也比较差。当然不是说害羞的人都很勇猛，但也不是说表现不好就一定是害羞导致的。真要提数据，害羞导致欲求不满的比例其实很低，重点是要找到契合的对象，害不害羞倒不是重点。

真要说欲求不满，害羞宝宝其实对心灵联结的需求比较大，因为他们比较感性。谈起恋爱，害羞宝宝也会比较"难搞"一点点，因为他们对爱比较投入。

害羞的人通常晚婚。

——《英国精神病学杂志》
(*British Journal of Psychiatry*)

单身的害羞宝宝听着，我在这里分享几个找对象的秘诀。读过我《如何让你爱的人爱上你》的人可能知道我在说什么，但我会针对害羞的人做一点儿调整。我有办法让你慢慢适应水温，让你不怕约会。

主动发起第二次约会

几年前,我在当义工的时候认识了一个印度女生阿斯莎,时间久了,我们慢慢变成了好朋友。

阿斯莎当时新婚,我问她跟她老公是怎么认识的。"史蒂芬跟我一起学画,"她笑着说,"但他都静静的,不跟人说话。我第一眼就觉得他还蛮可爱的,还主动跟他说'嗨'。他没有回我,但我心里知道他很开心。

"接着好几堂课我们都会稍微说点儿话,虽然话不多,但有交流。然后我想去看表现主义大师莫蒂里安尼(Modigliani)的展览,就问他要不要陪我去。"

"我们一起看了展,然后慢慢熟了起来,我们就开始交往了。"阿斯莎又笑了,"其他的事情就很正常,没什么好讲了。"

如果阿斯莎没有倒追,她跟史蒂芬也不会变成一对。

我知道如果我太太不主动,我们今天也不会是夫妻。我们是相亲认识的。我一个高尔夫球友的太太和我太太是同事,我们的初吻完全是我老婆的阴谋,我喜欢她归喜欢她,如果她没有大刺刺地反过来表白,我应该怎么也想不到她会喜欢我,更不可能锲而不舍地打电话约她。

——大卫,蒙大拿州大瀑布城

爱情没有灵药

有一本书,货真价实地是大部分心理医生或心理学家的床头书,那就是号称"心理医学圣经"的《精神疾病诊断与统计手册》(*Diagnostic and Statistical Manual of Mental Disorders*)。遇到任何大小疑难杂症,心理医生或心理学家都会把手伸向这本书,而这本书也鲜少让他们失望,即便让他们不知所措的问题是害羞的人为什么比较难找对象。

害羞的人很怕被拒绝、怕丢脸、怕没面子。他们会躲着不去社交,除非他们得到极少见的某种保证,确定自己会被在场者无条件地全然接纳。

——《精神疾病诊断与统计手册》

第一次约会,你千万不能对对方说:"如果我们还有第二次约会的话,你愿意保证爱我一生一世永不变心吗?"害羞宝宝当然不会这么说,问题是他们会暗暗地这么想。

理论上,我们知道世界上没有什么东西是可以保证的,不论你是否有自信，不管你是否有钱，更不论你是否长得好看，爱情这种东西都是看机缘的。实际上，害羞的人绝对可以爱人，可以被爱，也可以幸福，这一点你不用担心。

害羞的人才是珍品

对害羞的你来说，只要找到对的人，你爱得往往会比一般人更深。只要控制得宜，而且两情相悦，有害羞者参与的爱情往往会让爱的双方比交往更久的"正常人"更能体会到爱的深刻与欢愉。

遇到"识货"的伴侣，即便是你的过度敏感也会得到肯定。

超级害羞的人只有遇到刚好的另一半，很多特质才会得到正面的解读。很多害羞者的配偶都会用特定的语汇来形容他们的伴侣，像"温和""谨慎""优雅""感性""有礼""诚恳"。

——《害羞：观察、研究与诊疗》
（*Shyness: Perspectives, Research and Treatment*）

害羞宝宝陷入情网，那叫自由落体

害羞的人为何比一般人爱得更热切、陷得更深呢？这是因为他们把内心的护城河筑得格外深。一旦有人突破他们的心防，他或她就会显得特别脆弱，也会特别珍惜这份感情。害羞宝宝爱别人会跟爱自己等量齐观，甚至可以为了爱人奋不顾身。

至于为何更容易爱上人，那是因为害羞宝宝通常不会有一长串的恋爱史，所以一旦他们心仪的人有回应，那就像天雷勾动地火，一发不可收拾。害羞宝宝跟爱人的脚下会出现一个天坑，两人一起往下掉啊掉个不停。

这里有几个问题是你应该问自己的：

- ◆ 我这么想谈恋爱，跟我没自信有关系吗？
- ◆ 我会因为太想谈恋爱而来者不拒吗？
- ◆ 我需要身边有人才觉得自己"完整"吗？
- ◆ 我的爱会不会让人窒息？
- ◆ 太害羞会不会让我没办法参与另一半的社交生活，进而危及我们的感情或关系？
- ◆ 我会不会过度担心另一半的人身安全或对我的忠诚？

如果你有很多题都答"是"，那你就有功课要做了。首先，想清楚自己面对这些处境有多无助，想想这些状况对你和另一半的关系有多大的杀伤力。接着，你得专注于消除这些负面的想法，就像我们在第二部分讨论过的那样。只有把这些负面的想法赶出你的大脑，你才能运用接下来我要介绍的技巧来觅得良缘。

> **Shybusters 技巧 67**
>
> **爱之前,情绪体检**
>
> 　　在爱上某人之前,请先认真问问自己上面举出的几个问题。"是"的答案越多,代表你情感上的依赖性越强。把这些问题好好想一想,因为这些都是害羞的人常有的状况。

　　总结一下:害羞的人容易爱上人,但不容易爱对人或把人爱对。因此一旦有了对象,害羞宝宝的情路会比较艰险。不过只要你步步为营,就可以避过很多问题,你原本的苦楚也将升华为无上的幸福。比起一般人,你陷得深,但也可能爱得深,这是把双刃剑。

万一害羞的你受同性吸引……

　　保罗是我的读者,也是同性恋,他来信提醒了我,广大的同性恋朋友也一样害羞、孤独,一样在茫茫人海寻找着真爱。谢谢你,保罗,谢谢你爱之深,责之切,也谢谢你的文字一针见血。

我非常没自信,多年来都是如此。我知道我得想办法增强自信。写这封信,我首先想说您的文字与话语改变了我的人生。我读您的作品和事迹,都常常觉得心有戚戚焉。您说的很多问题与状况,乃至于失礼,都曾发生在我身上。但在寻求解答与进步的过程中,我察觉到自己走得比一般的读者更如履薄冰。我希望以自身的状况为例,让您对与我有类似处境的人多一点儿同理心,也希望能从您这得到好的建议,毕竟我们不是少数。

嗯,前面的话说得有点隐讳,但聪明如您不可能没感觉,没错,我是同性恋。42岁的我是男生,我这辈子交往过的对象很少,定下来的更少。我知道很多人以为男同性恋的圈子很小,找对象应该不会太难,甚至有人想当然地认为同性恋者的生活可以和滥交画上等号,至少也是伴侣一个换一个,像一般人换餐厅吃饭一样。我真的不知道外界怎么会有这样的印象,也不敢说一定没有人这样,但我得说这绝不是大部分同性恋族群的真相,尤其有些同性恋者年龄稍长,并不住在市区,或是并不住在一些在同性议题上比较包容的区域,他们和一般人对同性恋的想象就很不一样。甚至我敢说虽然有一成的人属于同性或双性恋,但我们还是很辛苦地想要找到理想的另一半。

您的著作,包括有声书,都可以说是上乘之作,但里面的内容都是针对异性恋者。我了解您本身并非同性恋,就跟您主要的读者群一样,更不会无理地要求您特别为男、女同性恋乃至于性倾向光谱上的每个频段都写一本书,那也太夸张了。

但话说回来,我要敦请您发挥您的影响力,告诉您的读者一件事情,那就是在爱情的追寻上,男女都是一样的,乃至于同性恋与异性恋者，也都是一样的，并不会因为我们是同性恋就不会煎熬，同性恋一样爱得很辛苦，也一样会害羞。我确信我不是这世上仅有的害羞的同性恋者，我们和其他害羞的人一样无助，尤其我们又生活在人口比较少的郊区甚至乡村，这些地方的咨询渠道与资源都比较少，理解同性恋的专家更少。现状是很多同性恋朋友觉得自己是座孤岛，朋友很少，遇到人际关系上的问题也无处求援，无处可逃。

很多我认识的同性恋，包括网友，都真的很希望能找到两情相悦的对象，也都希望能拥有一份长长久久的爱情。我相信我绝对不是唯一一个不想孤独到老的同性恋男人。

——保罗，得州达拉斯市

我想告诉保罗，也告诉所有的读者朋友：虽然在书里我用的语言看似在性倾向上选了一边，但实际上所有的建议都没有性别差异。有人说英文不算一种非常精确的语言，我们也都遇到过不知道该用他还是她，但其实两个都可以用的时候，"潜在的恋爱对象"虽然政治正确，但读起来实在太过冗长。就写作与阅读上的方便而言，"选边站"是最可行也最实际的做法，"异性"一词虽然对同性恋朋友不够体贴，但毕竟是没有办法中的办法。请了解我在用字上的选择，只是单纯出于简洁与清晰的考量。我希望英文未来的演变可以更包容、更体贴，也让我们作家的日子好过一点儿。

目光＋笑容，
让 TA 无法抗拒的绝招

身为前害羞宝宝，我养成了非常爱观察人的习惯。在机场、车站或聚会的场合，我的双眼都会像雷达一样扫过来扫过去，我喜欢看人之间如何互动。难过的是我常常看到悲剧重复上演。

男女眼神交会，你几乎可以听到他们的共鸣。在他们的两人世界里，音乐已然响起，爱情的张力开始弥漫。

可惜的是，男生平常不害羞，竟然在这个要命的时候害羞，于是他开始装酷，开始假装不在乎。女生也好不到哪里去，头低得像在检查机场地板干不干净。终于半分钟过去女孩忍不住了，她偷偷瞄了一下男孩有没有在看她，结果很可惜，害羞的男孩正东张西望。就这样又过了半分钟，男生终于克服了紧张，也尝试偷看了一下，但女生已经不在原处，也不知在何处了。

看出来了吗？如果他们其中一人有勇气看一眼、笑一下，人生就会从悲剧变成喜剧。

女生稍微漂亮一点儿我就不敢看了，我知道自己一恋爱就会非常敏感，非常脆弱，我会让她踩着我，踩在地上，踩不够还会请她用力一点儿。我觉得我会"全面失控"。

就因为这样，我不看自己欣赏的女性。我也讨厌自己这样，但没办法，我就是这样。我很担心自己会因为这样错过好的姻缘。

——唐，纽约州林登贺斯特市

笑，就对了！

你应该听过这样一句话：少了根钉，铁蹄就做不成了；少了铁蹄，马就跑不成了；少了匹马，骑士就无用武之地了；少了骑士，仗就打不赢了；仗没打赢，王国就沦陷了。都因为少了根钉！

上面的道理我们可以引申为：少了微笑，话就说不上了；话说不上，约会就没门了；约会没门，爱情就无处滋生；爱情受阻，人生就难以幸福。都因为你没有笑！

微笑，可以改变人生。

不过面对自己心仪的对象，就不仅是笑那么简单。很多单身的人都不知道，即便有人看上你，他们还是会担心一件事情，那就是怕你不愿意与他或她互动，这和对方有无自信没有关系，不爱吃闭门羹是人性。所以害羞的人更应该多笑，让自己的爱情之门敞开。

男性限定

男人，先从你们说起。如果你看到一个喜欢的女生，就用你对着镜子练习的友善而温暖的笑容冲上去，不用想太多。

你要知道即便她把头转开，也不见得对你没兴趣。矜持是女生的反射动作，欲擒故纵、欲拒还迎，对很多女性来说，这是一种调情。

但你是男生，你没有矜持的权利。即便是在《人类的堕落：亚当与夏娃》这幅名画当中，亚当的眼神也是直直地盯着夏娃，而夏娃的眼睛则怯生生地不知往哪儿看，其实她正拿着禁果在引诱着亚当。

女性受到注目时会把眼神移开，这几乎是大自然的铁律，究竟是刻意还是无心已经无从分析。所以害羞如你并不需要觉得受挫，就把技巧9里"对不理性的自卑说不"拿出来用；就算是黄金单身汉，女生还是会装一下，所以不用大惊小怪。

重点是我接下来要讲的事情。蒂莫西·珀伯（Timothy Perper）博士多年来一直研究男追女这件事，单身酒吧就是他的实验室。他发现女性如果对某位男生有兴趣，她会先不看他，然后往上看，这个过程大概会维持45秒钟。另外你也可以从她"不看你"的样子判断出她对你有没有好感。

如果她往上看的时候你没在看她，那这段关系就可能还没开始就结束了。反之，如果她往上看的时候刚好你看着她，表示她故意在躲着你，你可以对她展露一次笑容，她这次的反应一定会热络很多。

接下来你就可以开始靠近她，但拜托千万不要搬出那些老掉牙的"把妹"话术，你就大大方方地自我介绍，然后开始聊天就是了。

> **Shybusters 技巧 68**
>
> **邮差总按两次铃**
>
> 遇到喜欢的女生，请你要记得笑，而且笑一次不够，要笑两次，就像你做很多事情都要再次确认一样。女生的基因与受到的教育都要她们保持矜持，真相是除非她真的非常讨厌你，不然你对她笑第二次看看，她的反应会比较放得开。

女性限定

虽然已经进入 21 世纪很久了，但很多女生还是深信男生应该主动。嗯，没这事儿！在有份叫"女性非语言求爱模式：情境与后续"（Nonverbal Courtship Patterns in Women: Context and Consequences）的研究当中，研究人员用天花板里的隐藏式摄影机拍下了单身派对上的互动。事后的观察显示，若男生没收到女生若有似无的非语言暗示，他们是不会采取行动的。何为非语言的暗示呢？最常见的说出来简单得吓死人，就是巧笑倩兮。

从如此令人惊异的观察结果出发，研究人员又调查了数百组稳定交往的情侣或已经修成正果的夫妻，结果又让科学家们吓了一跳，原来他们当中有三分之二组是女生先对男生笑，甚至先对男生说话。换句话说，先丢出球的是女方。

当然，要女生对喜欢的男生笑，要女生先示好，并不是一件容易的事情。但好消息是男生通常都拉不下脸承认自己没有勇气主动，所以只要你手段够高明，他慢慢就会自我催眠你什么都没做，他会把功劳通通归给自己，而你就可以解套了。

Shybusters 技巧 69

女人，喜欢他，就用笑推他一把

对喜欢的男性微笑，没有想象中那么难，而且你越笑越易上手，这样你遇到让你小鹿乱撞的男生就不会手足无措了，笑会让他朝你走来。

我原本就害羞，遇到我想约的男生更是变本加厉。我去的健身房里有两个男生是我喜欢的类型，但我完全不敢直视他们，也

不敢跟他们说话。我甚至还到书店里去找书研究怎么吸引男生，我做了功课，也选好了日子要冲冲看，但一到起跑线我就又缩了回来。我就是没有办法克服心理上的难关，我真的是吓坏了，气馁的我只能回家哭了再哭。

——狄娜，堪萨斯州托比卡市

勾人心魄的眼神

有件事是确定的，那就是没有眼神接触，爱与欲望就无法点燃。眼神接触就像火花，一点点可能就够，但如果多看几眼，多添柴火，你配对成功的机会就会大大增加。

首先，你必须百分百确信眼神接触是恋爱的必要条件。有份研究叫"眼神接触对情爱关系的影响"，它证实了男女之间在对谈时眼神接触的有无，往往会决定爱情之火滋生的概率。

何解？人类学家海伦·费雪（Helen Fisher）说这是动物的本能。不退缩的眼神可以诱发近似于恐惧的情绪。当你用炙热的眼神注视某人，他或她的身体会分泌出一种类似肾上腺素的化学物质，而这物质会让人觉得刺刺的、痒痒的，让人激发出情欲甚至肉欲！

心理学家研究爱情，常常会使用一种鲁宾量表（Rubin's Scale）来判定两人之间的互动状况。发明这个量表的心理学家叫吉克·鲁宾（Zick Rubin），他做了一项研究来"测量爱情"，结果鲁宾发现两人若深陷爱河，互相注视的时间便会明显拉长很多。陌生人彼此对谈的时候，平均互看的时间大约仅有交谈时间的三到六成，若是一对有自信的情人则可以高到七成五。

我不能骗你说用眼睛放电很容易上手，但只要你先练习过就不会太难。我一再强调练习，像技巧22、23、24都很重要。如果没练习够，就请你先回去把这几种技巧弄熟，贸然上场只会影响你日后的信心，甚至留下阴影。

如果真的觉得困难，请善用技巧26，看着对方时默默说"我喜欢你"。

"我真的真的真的很喜欢你。"

练习够了就上吧。接下来的这个技巧可以让你的眼神变得挑逗，让你看起来深情脉脉。这个技巧男女通吃，但以男生对女生尤其有效。

跟心仪的异性打招呼时，把静音的"我喜欢你"加码成：

"我真的很喜欢你。"

"我真的真的很喜欢你。"

"我真的真的真的很喜欢你。"

"我真的真的真的真的很喜欢你。"

"真的"的次数累积越多，你的眼神接触就会越强烈，而这点也会在对方的反应中表现出来。

很多话不方便说或不知怎么说时，额外的眼神接触就会非常好用。

> **Shybusters 技巧 70**
>
> ## 我真的真的真的真的很喜欢你
>
> 面对喜欢的人要加强电力,你可以边注视对方边默念"我真的真的真的真的很喜欢你"。加强语气自然就会加强电力,这样即便你话少得像都市里的星星,手里的汗滴得像下雨,也不用担心心意传不出去。

进入正式交往后,你可以把"喜欢"换成"爱"。"我真的真的真的真的很爱你"是一句咒语,可以让你的眼神散发出难以言喻的魔力。

撩"正主"之前，可以先找人练手

情场如战场

体验过的人都知道，情场时而刀光剑影，时而哀鸿遍野。即便是很有自信的人，也不能否认"情场如战场"，我们都要进化成更好的人，否则就只有被淘汰灭绝的份儿。我这里有些问题，请各位答答看。

首先男士们，为什么有的女人漂亮，有的女人一般？

解答：美女就是漂亮，一般的，嗯，就一般。

然后是女生，为什么有的男人帅，有的男人一般？

解答：帅哥就是帅，一般就是一般。

为什么你和帅哥或美女说话会紧张，跟一般人就不会？

解答：因为我们以为帅哥跟美女不用吃饭，不用上厕所，不用洗澡就会香，不读书也可以上好大学。

男生尤其会以为漂亮的女生来自星星，这种想法当然很傻。

就以我担任空姐和很短暂的模特生涯来看,漂亮的女人真的就是个普通人,七情六欲、优点、缺点一样没少,重要的是她们也要人陪,而且不是谁都让陪。

不论走到何处,美女都有能力让堪称优秀的男生变得结结巴巴外加手足无措。这里有个实际的案例:

我必须说我平常是不怕跟女生说话的,但最近我喜欢上公司附近一家鞋店的美女店员。每天下班回家我都会透过橱窗看到她,有几次她看到我,还对我笑,而我总是想着哪天能认识她,要跟她说什么,为此我精心准备了文豪等级的台词,也排练过了偶像剧男一的笑容。我仔细想了她会说什么,我要怎么回答,怎么才能把话题带到可以一起出去。嗯,我事前真的做了功课,想象也很美好,但等到我站在她面前之后完全不是那回事,我开始句不成句,手心的汗喷涌而出,就连很多字的发音都忘记了。她说我脸红成那样很可爱,也不介意我弄倒了一整排鞋子,但我还是冲出了店门口,之后我都故意绕路走。

——波里斯,俄罗斯莫斯科市

我们怎么克服跟帅哥美女说话时的紧张呢?有一个办法是你可以约一些外貌算出众,但不是你喜欢的类型的朋友出来练习约会。这样好像有点儿残忍,但却是个可行的办法。

熟能生巧

各位亲爱的读者，请原谅我说话太直接、太无情，但人活着就要面对现实，现实是总会有人你不是很喜欢，但对方把你当宝（当然反之亦然）。够狠的话，你可以好好利用这一点，你可以确认出一位这样的人，然后约对方去高级餐厅，对她甜言蜜语，问她问题，把这当成一种练习。另外，你还可以点瓶酒与她共享，天冷了把外套给她披，上下车搀着她。这样一方面是在日行一善，一方面你也可以练习约会。

这原理是漂亮的对象处多了，也就不稀罕了，而且熟能生巧，邀约的次数多了，即便是约你喜欢的人也没什么大不了。

这个方法对女生来说更加方便，因为姿色中上的女生都有不少追求者可以选，你可以随便挑几个出去练习。就算他们不约你，你也可以约他们，我保证他们会很高兴，女生主动在如今已经是很平常的事了。

上面这是第一关，然后你可以和稍微有点儿挑战性的人出去玩。反复这个过程，直到你不怕对意中人下手。

读到这儿可能有人会担心玩弄人感情的问题，我同意，所以请大家善待这些情感上的语言，不要让他们受到伤害，主要是你在互动上要拿捏好分寸，尽量做到在一起的时候开心，各奔东西的时候平静，牵涉到感情的事情一定要非常谨慎小心。

有时候我觉得好像只有条件差的人才会约我，而我根本不想浪费时间在他们身上，自尊心强的我总觉得下一个会更好。有个叫卡尔的男生我喜欢过他，但我们交集很少。他跟我在同一栋楼上班，他在18层，我在20层。我觉得他有点儿喜欢我，因为他看到我都会笑。有天我搭电梯下楼，卡尔刚好进来，我一时语塞，而这么高的一栋大楼坐电梯本来时间就久，冷场感觉直逼西伯利亚。最后他笑着说了一句："你今天好安静。"这是我最讨厌听到的评语。

我头低低的，然后他又说了："你是不是不好意思啊？"我想说不是，但又紧张到说不出话来。他接着说周末有朋友要带女朋友去看比赛，问我想不想一起去。我很想说好，但我没看过美式足球比赛，也不知道该如何回应。就在我犹豫之际一楼到了，我简直是冲出去的（现在想想自己也不太敢相信）。经过这惨烈的一役后我几乎不敢看他，他也没再对我笑了。

——萝芮，德拉瓦州斯麦纳市

萝芮，按你信里所写，我觉得好像不管到时候会有多少男生在场，你都应该去的，就算是一般人你也可以和他们聊美式足球，聊球和在现场为了输赢跳上跳下，鬼吼鬼叫，也是一种学习，说不定学会了这东西你就能好好面对卡尔了。

> **Shybusters 技巧 71**
>
> **约会也要实习**
>
> 约会也可以由浅入深，先从你没那么喜欢，所以也不会那么紧张的对象开始。用这样的方式来练习接近人、约人，练习打扮、聊天、暧昧、共舞、点餐，甚至是耍帅。总之熟能生巧，约会次数越多，打的小怪越多，你就越有经验值挑战最后的大魔王。

一个提醒，一份小礼

最后我想给大家一个提醒和一份小礼，这个提醒就是一份小礼。

首先，虽然说是让你去找一个你没那么喜欢的人，但也不要为了图方便而随便约一个。这是我的提醒。

你还是稍微挑一下，用平常心去约会，搞不好你会不知不觉爱上对方，原本的跳板搞不好会变成目标，过程搞不好会变成归宿。爱有时候就是这样难以捉摸，你也无须预设立场，就当有美好的东西和一个不讨厌的人去分享，然后让感觉当你的向导。不要说不可能，有时候别只顾着追天边的彩虹，脚下的鲜花你也要小心别错过。

解疑：是否选择网络交友？

有史以来网络进入人类社会还是第一次，这是一种幸运，不少人可以在网络上结交到志同道合的好友。但结交网友会让害羞宝宝更加不知道跟人面对面是什么感受。

网络还让很多人可以在家工作，不用在公司与家之间奔波，但害羞宝宝若真沉迷网络，只会更缺少人际互动。

网络上可以查到你想知道的绝大多数事情，但无须开口问人只会让害羞宝宝的搭讪技巧益发生疏。

我不害羞，至少躲在电子邮件背后的我不害羞。我用电子邮件与人沟通已经3年多了，当中不乏很多优秀的男生。用电子邮件的好处是我可以慢慢想，慢慢写，觉得不好还可以改，最终的成果我可以反复地读，读到自己觉得满意后再发送出去都行。这让我有一种安全感，我会觉得自己不容易说错话，不容易被误会，对方的回应也会比较不会有意外。

——莎拉，马萨诸塞州

莎拉，你这能叫不害羞吗？站起身来，离开计算机，你能好好跟人面对面说话吗？你总不能在活人面前也先每句话想个5分钟再出口吧。面对面说错话你可没有删除键，更别提人的个性和人与人之间的频率差距都会在现实世界中浮现。

网络上的良好互动可能只是一场误会，他们的优质可能是假象，甚至可能是一种欺骗。你确定文字中呈现出的高大挺拔、才华横溢，外加温柔体贴，真的也存在于网络另一端的人身上吗？

我传了封电子邮件给莎拉，问她这些黄金单身汉长什么样，她说她不知道，因为她根本没见过他们本尊。嗯，我只能说洗洗睡吧。

网络上也有不败的恋人

网恋不是不能成功，事实上确有不少荧幕上的火花修成正果而且长长久久。搞不好你就有朋友是在网络上征友，有人回复，两人先在网络上聊，聊得投机交换照片，接着通电话、见面、约会、结婚，就这么成功了。

但很可惜，害羞宝宝不适合这条路。害羞的人会卡在网络上，永远约不出来，就算勉强约出来，害羞宝宝也会因为一次不来电而一蹶不振。网络交友对有自信的人尚且是一种挑战，对害羞的人来说更是会"动摇国本"的大冒险。

我一个好朋友安妮还算漂亮，工作能力强，又会打扮，而且她也知道自己的优点。为了脱离单身，她在网络上征友，收到的来信有几十封，其中她回信的有6个人，通电话的有4个人，交换照片的有3个，同意见面的有2个。

第一个见面的地点是一家知名的餐厅，两人约在七点。她和约会对象说她会穿黄色的裤装，外加橘色的长版围巾。

安妮很准时，在吧台上找了个位子等。这中间有几个男生经过，但她不能确定谁是来赴约的人。

七点四十五分，她买单走人。

八点钟，我的电话响了，安妮的声音听起来很崩溃，她抱怨："我这辈子第一次约会被放鸽子！"前面说过安妮还算有自信，所以我知道她今天是真的有点儿受到打击。她说："莉尔，他一定来了，而且他一定是看到我的样子才决定离开。"

之后她也没有苦尽甘来。后来她又在网络上认识了一个医生，也约了在餐厅见面，结果餐前酒还没喝一半医生的手机响了，说是医院有急诊他必须回去，于是精致的晚餐是她一个人吃的。

"他道歉了，"安妮说，"他说那天的吃饭钱他会给我。我又不缺钱吃饭！不喜欢就算了，有钱了不起啊。"

还是安妮有自信，如果是内心比较脆弱的人，这样的打击应该是毁灭性的。

不要拿刚刚有点儿起色的信心去冒这么大的险。网恋不是不行，但请千万先在现实世界里练习够了再尝试。

> **Shybusters 技巧72**
>
> ## 网络交友，不是给一般人玩的
>
> 网络交友不是不行，但你要想清楚风险。网络聊天可能很好玩，但见面就会有变量了。要不要拿输赢这么大的做法去赌你好不容易累积起来的一点点信心，是你的决定，我个人不是很建议。

有天你真的有了自信，自信多到满出来了，自信多到别人叫你不要那么骄傲了，我才会建议你考虑网络交友。此时你问我的意见，我还是要你小心再小心，千万不要轻易点下"发送"键。网络交友就像花式溜冰，连直线前进都有问题的你，适合吗？这是你自己要思考的问题，我会说真的不急。

先从共同话题聊起

"异性相吸"是句老话,但是句真话,只是异性间的吸引力也有欣赏期限;真正要长长久久,"臭味相投"才是很多事情的解答。对于害羞的人来说,爱情更应该尽量和兴趣合而为一,好处让我说给你听:

1. 从兴趣出发,你会比较有勇气跟人说话。
2. 从兴趣出发,约人感觉一定会比较自然。
3. 从兴趣出发,两个人出去不会那么尴尬。

喜欢什么都没关系,香菇都可以

几年前我去大学演讲,之后顺道参加他们的教职工野餐,大伙坐在草坪上聊天吃汉堡。我注意到有个年约四十的男性独自坐着,一下午都没跟人互动,于是我找了位女老师打听。

"你说华格纳教授啊,"她说,"他是生物系的系主任。人很好，很客气，但是很害羞，也很少主动找人说话。要看他自然说话大概只有课堂上吧。"她说到自己都笑了。"你不要在他面前提到香菇，他会说个没完。"

这位独特的生物系主任引起了我的兴趣，我想跟他认识一下，于是我走了过去，介绍了一下我自己。第一印象告诉我他确实害羞，而且还不是普通的害羞。

我首先发话，"嗯，透纳老师跟我说你是香菇专家。"

"对啊，"他愣了一下才回答，可能没想到会有陌生人主动找上门来问香菇。

"我从小对香菇就很有兴趣，"我很镇静地鬼扯，"你可以给我上堂简单的香菇课吗？"

他打开了话匣子，开始慢慢滑行，然后就像透纳老师警告过我的一样，华格纳教授欲罢不能，我们的对话中开始出现松茸、鸡油菌、牛肝菌、松露，乃至于其他我猜只能是香菇名字的音节。与其说我们在对话，不如说华教授在演讲，因为从头到尾我只问了一句："这吃了不会死人吧？"

能当教授当然不笨，他很快就发现我说喜欢香菇是骗人的，于是他又缩回了寄居蟹的壳里，不过他真的很有风度，除了笑笑以外没有怪我什么。冷场了一会儿，他终于挤出一句："我这人有点儿害羞，很对不起。"他脸上的表情我看过无数次了，那种害羞宝宝典型的"我生于地球但不属于地球，占了大家的位子真的很抱歉，宇宙飞船一发明出来我立刻就走"的表情。

这时我告诉他我是作家,而且在写一本讲害羞的书,希望能跟他聊几分钟。他算是答应了下来,但回答还是短到极致。

我把话题引到他的生活上。他说如今42岁的他还是想结婚生子,但他实在是不敢跟女生说话。"一方面我没地方认识女生,"他说,"一方面现在想结婚也太晚了,同事的小孩都十几岁了。"

"教授,"我说,"你知道有香菇的社团吗?我指的是香菇控聚会的那种,一群爱好香菇的人凑在一起聊香菇,你知道我在说什么吗?我说的是研究香菇,不只是研究怎么吃香菇。"

我的问题他懂,但又好像不是很懂。总之他说了:"嗯,有吧,有,但我去这种地方没用啊,他们懂的不可能有我多。"

嗯,他没听懂。"教授,"我一点儿都不怕,"我可以给你个建议吗?"他点了点头。"我觉得你可以找与香菇有关的活动参加看看,他们应该会很欢迎你这样的专家莅临指导。我非常建议你试试看。"

这时突然下起毛毛雨,野餐得收摊,我跟教授说了再见。

当时香菇教授没有答应去参加活动,让我有点儿难过,我真的相信他可以在这样的场合遇见志同道合的朋友。不是有个爱红酒的害羞女唐娜从西弗吉尼亚州写信来说她在品酒的场合中悠然自在吗?我想香菇之于教授就如红酒之于唐娜,这两种东西的香味都有让人放松的力量。

进击的教授

就这样,几年过去了,那所大学又找我去演讲。这次讲完以后我顺便问了校方华格纳教授的现况,请他们代我向他问声好。

"我给你他的电话好了。"校秘小姐说,"你直接打到他家应该没关系。"

我按照学校给的电话拨了过去,接电话的是女人的声音,而且是很好听的轻声细语。我说我要找华格纳教授,然后我听到那位小姐温柔地喊了声:"麦克,电话,有位女士找你。"

跟我通上电话他感觉很开心,而我也趁势问了他:"接电话的小姐声音很好听,跟你有关系吗?"

"对啊,那是我妻子,她真的很棒。对不起,我结婚好像应该打电话和你说的。我们几年前聊过之后,我想了想你的建议,也真的找了一群跟我一样对香菇有热情的朋友,其中一个就是我现在的太太珊卓拉。我们一开始也是不敢和对方说话,但有一次例会去田野调查,我们刚好走在一起,于是两人就这样聊了起来……"

教授和他太太都喜欢香菇,香菇是他们的媒人,现在他们喜欢的是彼此。

> **Shybusters** 技巧73
>
> 从热情出发，从朋友做起
>
> 上网搜寻一下你爱好的事情，然后用社团、俱乐部、协会等字眼来缩小范围，最后再看哪些离你居住的地方比较近。鼓起勇气去看看无妨，最起码你可以交到朋友，运气好点儿还可以找到对象。

去就对了，朋友没有嫌多的！

你怎么知道不会有和你一样喜欢香菇、茶道、鱼拓、警匪片、板球、极光、高空垂降的人呢？直到今天，我还津津乐道于教授和他夫人的香菇情缘，没想到香菇也可以是这么浪漫的东西！

浪漫的小招式

如果按照技巧 70 的标准，你已经可以自在地对喜欢的人眉目传情了，那我这儿有一个堪称成人级的同场加映。

深爱彼此的两个人会有一种状况，那就是互看的眼神相当之迷蒙，即便是偶尔眨眼或看路，他们也会尽快把注意力转回到另一半身上。

专用恋爱绝招

我想男生的眼神在女生的脸上徘徊，没什么好奇怪的吧，甚至你眼神中流露出的仰慕还会让女生非常感动呢。

如果长时间看美女的眼睛你还是不行，这会是个很好的替代方案，你可以短暂地中断眼神接触，但注意力不要离开她身上，尤其不要让她觉得你分心了。四目相交可能太激烈了，你可以欣赏她五官中的其他四官，总之就是不要脱离她的脸庞。

Shybusters 技巧 74

看着她的脸

男生，如果你必须中断眼神，也不要让她觉得你有别的事要忙了。你可以好好欣赏她的脸庞，可以用眼睛"亲吻"她的嘴唇，然后再回去跟她的眼睛"厮杀"。要想更有把握一点儿，你也可以趁眼神接触的空当去关心一下她的粉颈或香肩，如果要再往下请你先和她正式交往。

眼神的杀伤力很大！

女生不怕害羞，就怕你不会善用性感的双眸。自信的女人都懂这招，又简单，又有效。和男生眼神接触的空当，聪明的女生会看男人的胸膛、他的身躯，然后再看回他热切的眼睛，外加用微笑给他一点儿肯定。

再害羞的女性也有稍自信的时候，把握时机试试上面的场景。趁男人对你说话时，你就若有似无地扫视一下他的胸膛，然后微笑表示你的欣赏。这时候要点儿害羞其实不坏，因为那表示你多少有点儿想入非非。你会看到他立刻得到鼓励，身体的每个部位（我主要是说眼睛）都会特别用力。

Shybusters 技巧 75

女生,眼睛不用太安分!

　　女人有很多特权,包括用眼睛吃男生豆腐。眼睛乱飘时,如果男生的眼神可以一直看到女生的肩膀,那女生的眼神就可以一直看到男生的身体,利用这个特权去欣赏他结实的胸膛,然后对他笑表示满意。相信我,男生绝对不会介意的。

　　我想不用我多说,这么做绝对是女性限定,因为男生这样做会很猥琐,所以千万不要乱来。如果不相信,你可以试试看,但请你先做好被抓的准备。

外在打扮

战斗服,或至少是打猎服,是很有讲究的,太中性绝对不建议。

女生请注意,你的衣服都是好东西,甚至是价格不菲的名牌或精品,你以为男生就会觉得老穿着裤装的你品位很好、很令人佩服吗?我要打一个超大的问号,我会说男生就是喜欢打扮像女生的女生。

男生,你喜欢看女生穿得少少的,你觉得女生就会喜欢你穿无袖衬衫和超紧牛仔裤,对吗?嗯,恐怕不太对。大多数女性喜欢的是质量、搭配与合身。

这并不是空口说白话。"性相关行为数据库"里有份研究证明男生没有特别喜欢女生穿什么,但是希望女生穿出魅力,女生则希望男生穿出质感与品位。

我希望你已经把无聊的衣服打包好捐给慈善团体,并开始穿得有趣跟性感了。如果你还没有,请回去复习技巧35,确定你真正体会到外表的重要性之后,再回来跟我探讨战斗服或打猎装长什么样。

这次是谈衣服,所以女士优先

女士们,男生其实分不出你身上穿的是香奈儿还是家乐福,他们也不在乎,他们在乎的是你露出来的部分,肩膀啊,颈部啊,腿啊,男生就是有这种看"重点"的超能力,不然他们就不是男生了。

我们当然不希望打扮得像晚上上班的女生一样,所以女生要学会性感但有质感,给男生点儿甜头但不乱露。比方说,我们可以穿件保守的外套,但里面是一件深V的衬衫,这样当你"不小心"忘了把外套扣子扣紧时,目标男性就会看到你想给他看的东西,至于是什么东西就不用我说了吧。

同样的道理,裙子的长度也是门学问。露得刚刚好,就没人说你穿得不得体,但你的长腿就是会出来透透气,这样遇到喜欢的男生你才有"表态"的弹性,没看到顺眼的,你也可以保护自己。

上面我说话可能有点限制级,但请不要误会,我不是要各位丢掉羞耻心,我只是希望大家不要绷得那么紧。

刚开始穿得比较辣,你会觉得很多人在看你,你或许会觉得不太习惯,但跨出这一步有很多好处。除了男生会多注意你以外,你也可以学着欣赏自己的身体,这对你的自信绝对有益无害。

> **Shybusters 技巧 76**
>
> ### 女人，就是要穿辣点儿
>
> 对害羞的女生来说，要刻意让人注意到自己是一件很难为情的事。但这么想吧，人穿衣服本来就是看场合、看功能。去打球你会穿运动服，跑半马你会穿运动裤，去游泳、打网球、打垒球、骑马、跳伞、参加喜宴、出席国宴都有不同的服装"规定"。现在你要去"找爱"，当然也有某种"建议穿法"，而我的建议就是你可以穿得好像在暗示什么，但又没有牺牲掉你任何一条原则。性感在一条界线内，是可以让人觉得很舒服的，至于分寸我相信你可以自己去把握。

男生，该穿得少一点儿吗？

除非有特殊情况或场合，否则答案一定是不要。男生真的还是包严点儿比较好。可能有人不知哪来的想法觉得女生喜欢肌肉，嗯，这我不敢否定，但就算喜欢肌肉她也不会太喜欢你没事让肌肉露出来。无袖的上衣和过紧的下身，基本上对男生来说都是扣分项。

女生其实对男生的衣服是很挑的。我在研讨会上分享女生在意男生穿什么衣服，远甚于男生在意女生穿什么衣服，与会者往往是一片惊呼。

"怎么会？为什么？女生会在乎我穿什么衣服？"这是很多人的问题。

各位男士，这是一种遗传基因。

"这是一种什么？"

这是一种女人的基因，会穿衣代表这男人有能力照顾自己，有能力照顾自己才能照顾女人和小孩，这是女生千万年来演化下来最在意的事情。当然这是一种下意识，很多女生也没办法解释，总之衣服搭配得好，表示这男人有能力过好日子，而衣服的质感好表示这男人在意东西的好坏，也有能力负担。

Shybusters 技巧 77

男人，品位与质感是基本原则

男生的衣服不在多，在好。说到穿衣，女生的品位就比较好，所以男生买衣服最好请姐姐或妈妈一起去。投资几件像样的衬衫、休闲裤和鞋子，如果工作上需要穿得比较正式，就砸点儿钱买套可以穿久点儿的西装。搭配是重点，千万不要黑长裤去配咖啡色的皮带或鞋子，也不要白色短袜去配过短的西装裤，那会很恐怖。

禁忌：别用性来获得爱

有次回老家我遇到琳达，琳达是我高中时对街的邻居。叙旧时我们笑着聊到以前的街坊八卦以及我们打工当保姆时照顾过的小朋友。琳达有个很漂亮的妹妹叫卡芮娜，高中的时候我常听到她凌晨跟男朋友回来的声音。想到这儿我突然问起琳达："你妹妹怎么样？还住在贝什斯达（Bethesda）吗？"

琳达的脸一沉。"嗯，离那儿不远。"她告诉我的是华盛顿特区一个破落的郊区。

看琳达的脸色不对，我于是想换个话题。"你妈妈呢？她还好吗？"

"嗯，她很好，但……卡芮娜不太好。"我愣了一下，原来琳达想聊的是她妹妹。

她从皮夹中抽出一张照片，上面有卡芮娜、1个男人，还有3个小孩。

"卡芮娜现在跟另外一个男人住了。"但我还是不相信照片中的是卡芮娜。

照片中的她看起来非常憔悴，甚至有点儿老态龙钟，感觉比我和琳达的岁数加起来还老。

"嗯，小孩很可爱。"这是我唯一想得到的回答。

"小孩的爸爸都不一样。我知道你在想什么，莉尔。"

我确实在想那个问题。"发生什么事了？"

"卡芮娜很聪明，又漂亮，她条件真的很好，她有超多朋友，男朋友也很多。"

"可能多得有点儿过头了吧。她几乎是来者不拒，常常第一、二次约会就让人家予取予求。"琳达苦笑着说，"我想我妹就是不懂得拒绝人吧！"

认真对待自己的感情

"我不懂，"我说，"你妹妹是太热衷于性生活吗？"

"我不觉得，我觉得她比较像是缺乏自信，到现在也没变。她跟我说她其实并不觉得跟男人做那件事有多舒服，但她太害羞以至于不敢表达，不好意思对男生说'不'。她怕拒绝后对方会死缠烂打，所以干脆就都照着做省事。"

"我觉得她应该是没办法肯定自己，觉得自己不靠性就得不到爱。她把性爱和真爱混为一谈了。"

真爱会走到性，但性不见得能走到爱，只是孤单的时候我们会忘记这点。性绝对是大事，不可轻易为之，害羞的人尤其如此。

> **Shybusters 技巧78**
>
> ### 性？爱？傻傻分不清楚
>
> 害羞宝宝比较敏感，也比较容易受伤，所以面对性的态度要格外谨慎。性是爱的延伸，而不是爱的保证，没有性的爱也许让人心痒，但没有爱的性只会让你心碎，害羞的人经不起心碎，所以除非很确定，否则不要轻易把球投进球筐。

在爱情里，你怎么知道对方适合你？这真的是一个算法很多、思路很复杂的难题。首先你要了解对方究竟是个什么样的人，然后你得让对方知道你是什么样的人，这是一个双向的过程。除非互信互爱、互相尊重的学分已经修完，否则性爱是一定会挂科的。

当然对性小心不是女生的专利，男生也是有感情的，把男生想成性爱机器并不公平，我建议男生面对性一样要非常注意，否则你会搞砸很多事情，包括自己的心情。

别让不敢表达害了你

琳达看着照片,心情显然很沉重。"学校里后来把她传得很难听,说她跟谁都可以。没有女生敢和她当朋友,甚至连男生也不敢和她公开走在一起,他们只想晚上占她便宜。很快男生就变成约她,带她回家,完事后送她回来,简直把她当成'公交车',他们有时候真的只送她上了公交车就离开。

"她真的不是这样的女生,她很乖的……"

11
chapter

不敢让人看见，
和家庭有关吗？

为什么是我？为什么别人长得普通就不害羞？为什么我长得这么帅（美）反而害羞？这要怪上天？怪爸妈？还是怪其他人？是学校里的坏同学，是小学三年级的老师，还是祖母害我的？有人可以给我个方向或是答案吗？

　　嗯，除了祖母应该可以无保释放以外，其他的我觉得都是嫌疑犯，但也没有哪一个可以把全部的责任揽下来。害羞不会没有原因，但每个人的原因不会都一样。下面我说说一些可能的原因，让你指认看看，也顺便思考一下有没有转机。如果你已为人父母，我也会提供一些方法让你去判断你的孩子是不是害羞的高风险群体，还有就是如何把这样的风险降低。

为什么我天生就不敢让人看见？

开宗明义，确实有天生就不敢让人看见的害羞的人，或至少天生容易害羞的人。但遗传不是命运，生物学上更不存在确切的"害羞基因"，没有哪个专家会说："你过来看，显微镜下面那个就是害你容易不好意思的染色体？我等下帮你把它弄掉就没事了。"客观的事实是约两三成的宝宝生出来，会因为特定的脑部化学作用而倾向于害羞。

身为父母，小朋友是否是容易害羞的那一群，其实你很早就可以看出来。新生儿出生一个月左右，你就有办法判断自家的小可爱属不属于害羞的族群。

怎么看出来？

有份划时代的研究证实了新生儿存在高低不同的害羞风险。两位世界级的专家曾找来400名仅一个月大的婴儿带到实验室里，然后对宝宝们做了三件事情：在摇篮里放了一个有点儿吓人的玩具、用棉花棒蘸了酒精让他们闻、放了一段陌生人的声音给他们听。

结果是，近三分之一的宝宝被吓到哭闹，而且会乱甩小手小脚。被惊吓完之后他们会紧抱着父母。几年以后，科学家追踪发现这三分之一的小朋友比较害羞，我们把这群小朋友归类为"高度敏感型害羞者"。

相反，另外三分之二的新生儿不会因为恐怖或陌生的东西而有太大的反应，顶多是把不讨喜的玩具推开，甚至有人听到陌生的声音会笑。他们几年后也确实比较不害羞。所以害羞的人确实出生不久后就能看出端倪。

大约三分之一的新生儿会因为体内的化学作用而对陌生的人、事、物反应较大，他们长大后属于容易害羞的一群人。

——《科学》
（*Science*）

"摇篮测试"的施与受

新生儿的父母听着，你们可以在家里复制摇篮实验。

需要的器材如下：一个怪怪的玩具（比方说黑色的塑胶蜘蛛）、一个臭臭的东西（宝宝自己的尿布不行，他们不会觉得那东西臭）、一个怪怪的叔叔或阿姨（可以请熟识的邮差、退休的邻居伯伯或任何你的宝宝没见过的亲戚）。

第一步：把可怕的玩具吊在宝宝脸上方晃啊晃，观察其反应。

第二步：把臭臭的东西悬在宝宝的小鼻子前方，观察其反应。

第三步：请陌生的叔伯姨婶逗逗小宝宝，观察其反应。

如果是敏感的宝宝，反应就比较大，不那么有害羞倾向的宝宝则会用"宝宝语"咕哝几声然后把讨厌的东西推开。

还只是个宝宝时，我们的女儿就非常敏感，完全不让我们夫妻俩以外的人抱，甚至有时候连爸爸都会"被拒"，这段时间我们两个大人都很辛苦。刚开始我们以为小朋友只是容易不舒服，但慢慢长大到上幼儿园的年纪了，她开始出现很多人口中的害羞情况，具体的表现包括不敢看陌生人的眼睛，不太跟人说话，不然就是老爱躲在爸妈的大腿后面不肯出来。

——史蒂夫，加拿大不列颠哥伦比亚省温哥华市

> **Shybusters 技巧 79**
>
> ## 害羞也可以测试
>
> **父母**：要判断你的新生儿有没有害羞的倾向，你可以观察小宝宝在摇篮里的动静。对外界刺激反应较大的孩子往往是害羞的高危群体，如果有征兆就可以提早用技巧（我是说本书里的各种技巧）来防患未然。如果小朋友看起来很镇静，遇事不容易大惊小怪，那长大后应该就比较不会有害羞的问题。
>
> **害羞宝宝**：要知道你小时候有没有害羞的倾向，去问问爸妈你还在爬时是不是遇事反应很大，很容易哭闹。

摇篮实验四年后

对喜欢打破砂锅问到底的科学家来说，事情还没完。初步观察结束后四年，研究人员把当年的400个小朋友又都找回实验室里来。果不其然，当年判定高度敏感型的受试者都显现出害羞的症状，当中又有约半数后来长成了极度害羞的青春期少男少女。

心理学家说我女儿慢热，也有人说这就叫闷骚。她跟你不熟的话，看起来就会很害羞，但慢慢熟了她就会放轻松，然后跟你无话不谈，所以很多人以为她只是轻微的害羞，不妨事。但身为她的父母，我们察觉到事情并没有这么简单。她不仅仅对人慢热，她只要是面临任何没有接触过的情境都会焦虑，而且很多真的是没什么好担心的事情。

比如说四年级的时候，班上的校外教学要去加拿大的首都渥太华。班上都是从幼儿园就在一起的同学，我们甚至好几次还请他们去兰辛看过她的宠物马，但她从来没有去过渥太华，也不知道那里是什么样，有什么东西，就这样出发前的晚上她完全睡不着，不知道在紧张什么。

——史蒂夫，加拿大不列颠哥伦比亚省温哥华市

内向，不行吗？敏感，有问题吗？

比较不好的是高度敏感型的害羞宝宝会觉得自己不正常，因为他们不像其他人会希望焦点聚集在自己身上。如果你是这样的人，你就知道我在说啥。高度敏感型的人跟一般认为外向的人，两者的大脑运作并不一样。敏感的人想得多，想得深，想得慢；他们听得多，说得少。

美国人已经习惯广播和电视脱口秀的口无遮拦、百无禁忌，我们选出来的政治人物与民意代表也都很爱说话，更甭提玩吉他的摇滚乐歌手、自信展露身材的女星，还有招摇过市的好莱坞明星，美国文化就是一条全年无休的星光大道。

我想说的是，美国，甚至整个西方文化，都是外向者的天堂，内向的人活该倒霉。因为处在这样的环境里，得到奖赏的都是喜欢自我表现或者说不怕自我表现的人，所以很多害羞宝宝会觉得自己不如别人聪明或有才华。没这事！相关的研究多得不得了，结论都是害羞和笨没有关系，甚至很多时候人就是太聪明才会显得害羞！

你知道吗？高智商儿童有六成内向，智商越高，内向的比例也越高。美国优秀学子奖学金得主中内向者多于外向者，而且这些得主进了常春藤名校后的成绩也比较好。

这些事实告诉我们一件事情，那就是珍惜上天给我们的优点，不要因为自己没办法跟大家自在地坐在一起聊天，没办法跟人一来一往就妄自菲薄。敏感型的人即便很有自信，遇到问题还是需要多点儿思考时间，所以请尊重自己的秉性，和自己的沉稳安静好好相处。

内向和自信并不冲突

不久前曾是害羞宝宝但如今事业非常成功的雪柔小姐找我去演讲，地方在亚利桑那州的凤凰城。开车到演讲厅的路上，我和雪柔小姐聊到我在写本以害羞为主题的书。几个礼拜后，我收到她的一封邮件。

莉尔，那天在车上跟你聊，我的感触很深。我这辈子都在和害羞奋战,我每天醒着,都觉得自己的节奏和别人不一样。我看到同学和同事那么乐于与人聊天,有空就到处串门或约出去玩,其实都觉得蛮不可思议的。我比较喜欢只有一两个很好很好的朋友,和她们在比较私下的环境里聊深一点儿。我倾向于退到幕后,对一个课题深思熟虑以后再发言,我不懂其他人怎么能随时随地都大放厥词;有些朋友慢慢熟了,会告诉我他们对我的第一印象很差,因为我看起来冷漠、高傲、独来独往,要不是后来有机会变熟,甚至变成很好的朋友,他们可能对我的印象会一直差下去。我很聪明,学生时代始终名列前茅,现在生意也做得很好。我真的喜欢跟人打成一片,我只是不太会社交,这算是我的一个缺点吗?

——雪柔,亚利桑那州凤凰城市

雪柔的信文情并茂,这里放不下的部分还提到了她的自省与结论,她说她后来找到了和自己的敏感性格相处的模式,而这也造就了她如今的成功。全文我放在了附录里,值得一读。

日常生活里请大家记得敏感型性格的人往往是那种很有原则,也很关心别人的好人。他们或许不是站在最外面、最前面的人,但他们在很多事情上都是我们学习的对象,甚至是典范,他们往往是我们之中的哲学家、辅导老师,甚至是人生导师。他们往往能理性思考事情,也是社会上的中坚力量,可以带给我们好的影响。

这是遗传导致的吗？

妈妈的双眼皮跟爸爸的害羞

害羞会遗传吗？这就像问大长腿和蓝眼睛会不会遗传一样？当然会，但不是一定会。像我有个女生朋友就抱怨："我哥像我妈一样，睫毛又黑又长，我跟我爸一样，鼻子又塌又小。"不公平是不公平，但又能怎么样，基因这东西有时候连上天都没有办法。

害羞会不会从上一代带到下一代，这也是一个概率问题。不过话说回来，一份名为"儿时害羞与源自母亲的社交恐惧症"的研究显示：妈妈害羞的话，小朋友也害羞的概率会比平均值高 8 倍，10 个害羞宝宝的妈妈，其中有一个患社交恐惧症。

发掘出自己害羞的根源，你在目标的设定与达成上就能比较实际。知道遗传了父母的害羞，你就知道自己天生超级敏感，你就不会勉强自己外向，勉强外向也不一定能成功，就算你勉强成功了也不会快乐。

Shybusters 技巧80

搜寻族谱里的害羞基因

父母： 你害羞（过）吗？如果答案是肯定的，那你孩子害羞就找到凶手了。你的亲戚呢？你的爸妈害羞吗？有听过隔代遗传吗？如果这些疑问有任何一个答案是肯定的，那你就要特别留意小朋友的状况了。

害羞宝宝： 去族谱里"挖宝"，看里面有没有害羞的嫌疑犯。如果有的话，那你未来在和害羞作战的时候就可以依此拟定战略。

后天的经历如何影响我?

假设你是个不惧可怕玩具或臭臭东西的宝宝,族谱翻了半天也没有害羞的祖先掉下来,那我们就应该开始怀疑自己是后天害羞,你可能是在长大的过程中受到某个事件或情境的影响或暗示,才开始变得害羞。

害羞会传染吗?

你不会"染上"害羞,但如果你的监护人或父母害羞,你本身变得害羞的概率当然也会比较高,因为小朋友都会模仿我们身边的人,而对我们影响最大的当然是朝夕相处的父母。

小朋友几乎都察觉不出来父母害羞。像我就是经过了这么些年,才了解到我妈妈害羞。我14岁那年的感恩节,我们去一个很久没见面的亲戚家玩。露西阿姨话说个不停,查理叔叔戴着土鸡造型的帽子,搞不好还喝了点儿酒,至于其他亲戚也都叽叽喳喳。只有我妈安静得像个不开口的蛤蛎，我在她旁边也像个小黄瓜一样一声不吭。

我是妈妈的小粉丝，她就算是跳上露西阿姨的桃木餐桌跳恰恰，我也会上去伴舞，但妈妈那天连话都不多，所以我也像根小黄瓜一样动也不动。

我们家朋友一向不多，因为务农的我们住在乡下，所以和我同年龄的小朋友本来就少。别的妈妈会安排很多机会让小朋友凑在一起玩，但我妈妈不会这样做。大了以后我爸说我妈是个害羞的女人，我这么一回想，我之所以小时候朋友少，之所以她不约其他爸妈带小孩来串门，背后的原因都是她害羞。

——阿莉亚娜，新墨西哥州陶斯市

回忆小时候，爸爸和妈妈很爱社交吗？他们常请叔叔或阿姨来家里吃饭吗？他们参加什么社团还是常去参加社区委员会吗？他们打电话会讲很久吗？他们会揪人出去玩吗？会办生日聚会吗？会鼓励或安排让你跟其他小朋友玩吗？如果以上皆非，那你的害羞或许就找到原因了。

Shybusters 技巧 81

害羞有胎教，也有身教

父母：说到害羞，别忘了给孩子好的身教。如果你本身害羞，那为了下一代，你得在大庭广众前尽量放开，你玩得开心，小朋友就会跟着玩得开心。多跟其他家长说话，多安排大家一起出去踏青，让孩子有机会跟同龄的小朋友相处，这是你给孩子的好礼物。

害羞宝宝：小朋友都会觉得自己有些事应该做，有些事不应该做，你也不例外。所以不要太苛责自己，小时候害羞很可能你只是在模仿身边的大人，如今想挣脱也不用感到有罪恶感。对后天的害羞者来说，你应该去回想自己是不是看过爸妈"示范"过害羞，然后你想想自己如何能表现得更有自信。

过去的痛苦让你不想被看见

心里有疙瘩

每个害羞宝宝都有不堪回首的过往，我也不例外，甚至我现在想起来还会边回味边紧张。

三年级的时候，我最怕上的是数学课，但我并不是怕数字，也不是怕老师，我怕的是害羞到不行的自己。

数学老师常常会出练习题给我们，然后离开教室几分钟。其他女生会皱着眉头把习题做完，然后就开始像小鸡一样叽叽喳喳，直到老师回来才肯安静。但我总是闷着头像在书本里找什么东西，完全不敢抬起头来换气。

难忘的那天，老师又出完题目走出教室，然后慢慢地我开始觉得想要排气，也就是俗称的"放屁"。随着气体在我小肚子里慢慢累积，我知道事情已经没有转变的空间，所幸上天造物就是这么奇妙，身体构造让我得以低调地完成物质位置的转移，就像什么都没有发生，地球还是照旧运行。松了口气的我于是重整旗鼓，把注意力集中在未解的数学习题上，啊，我真是个好学生。

但我放心还不到半分钟，班上一个同学索妮亚就猛然抬头说出了她的证词："有人放屁！"全班随即爆出如雷的笑声。

"是谁？"另外一个小女生发难。然后又是一阵狂笑。

"到底是谁？"索妮亚俨然当起了福尔摩斯。

然后我的噩梦就开始了。就像缉毒犬在找海洛因一样，索妮亚开始用闻的方式找起了线索。

整间教室从里到外，她一排一排地闻，展现了无比的耐心，其他同学也觉得这过程存在高度的娱乐性，毕竟他们知道自己是清白的，所以一点儿都不担心。

但我很紧张，因为是谁放的我心知肚明。于是索妮亚一到我这排我就慌了，我抓起书本一路往外跑，泪流满面是我那时的状况。更惨的是我一边往礼堂跑，一边还听到身后传来一堆同学在喊着："是莉尔放的！是莉尔放的！"

58%的害羞者记得在害羞变成一个问题之前，自己曾经历过某种不愉快的社交经验；42%的人记得有某件格外严重的事件让他们自觉开始变得害羞。

——《行为研究与治疗》期刊

我上学之前，也就是在我5岁之前，我曾经住院过三四天，但在回忆中那是一段远比三四天长的时间。那是间儿童病房，我的床位在角落，而我是那间病房里唯一的男生，其他的病人都是女生，但我当时太小，性别概念还不是很明确，并不知道"男女有别"。我不太说话，不像有些孩子非常活泼，嘻嘻哈哈，我对角的那个小女生尤其如此。她注意到我很安静，然后呼朋引伴来欺负我，而我只能脸朝下趴着假装睡着了。

我害羞到不敢问厕所在哪里，所以我每天至少尿床一遍，护士烦了也会吼我，让我在同病房的女生面前难堪。

——纳森，威斯康星州绿湾市

你没有错，错的是欺负你的人

多数小朋友都不是故意要欺负人，但正因为他们不是故意的，所以被锁定的对象有时感觉更为受伤。《临床心理学》引用了一份名为"小学低年级可见的同学排斥"的研究报告，其结论证实了幼年时留下的心理阴影不容忽视。

如果孩子的秉性并不是"害羞"，那么一两次"意外"并不会造成他们永久性的害羞，但伤害是一定会有的。就算害羞的大人想不起自己过往有什么心理创伤，他们在求学阶段的人缘好坏也会影响他们一生。他们未来都会以这样的经验作为模型来闯荡社交圈。

为人父母，很重要的一项任务是注意孩子有没有被欺负，你可以观察他们回到家衣服有没有乱、有没有破，东西有没有齐，钱有没有少，身上有没有伤得莫名其妙的地方，或者说他们早上会不会不想上学，乃至于老爱绕路上下学。有上面任何一点，你就应该主动找孩子聊，重点要让他们知道自己没有错，

错的是欺负人的人。不要叫他们反击，你该做的是鼓励他们正面欺负他们的人并且大声说出："住手！"你要让他们知道退

Shybusters 技巧 82

回忆过去，痛苦、被欺负忘不了……

父母：如果你怀疑孩子在学校被欺负，你就得采取行动来确保孩子的信心没有受到伤害。你得适时跳出来扮演几种角色：一、你得当柯南来分析案件；二、你得当心理医生来问问题，得跟孩子敞开心扉谈谈；三、你得是教练，就如何回应给孩子建议；四、你得是舞台剧导演，陪孩子排练该如何反应。如果这四样都做了还是不行，那你还得当老师的智囊，和老师商讨事情的来龙去脉与解决方案。甚至我建议你直捣黄龙，去找小霸王的爸妈谈，让他们知道自己的小孩在学校"忙什么"。

害羞宝宝：小孩子不会想，不能完全怪他们，但他们的行为确实会伤害到敏感型孩子的心灵。如果你属于那58%记得小时候发生过什么的害羞宝宝的话，那请你再在脑中重放一遍记忆的影片，然后你会发现欺负人就是不对，你是无辜的，不能说你看起来好欺负就应该被欺负。我知道这不容易，但请你说服自己。想想如果有今天的观念，你当时会如何应对。

缩或逃避绝对不可取，甚至你可以跟孩子排练怎么说出自己的意见。

如果事情还是没有解决，你的小孩继续被欺负，那就只好去学校找老师甚至校长谈谈了。

父母的溺爱

对啊,我的心理医生说……

40多年前,美国很流行看心理医生,任何稍微或自以为有头有脸的人,都会在聊天时有意无意说:"我的心理医生说……"

然后结尾再补一句:"都是我爸妈的错。"

心理医生究竟有没有归咎于父母,没人知道,但大家有任何缺点都很喜欢怪爸妈,没想到竟然有人需要花大把的时间才能得出结论。

有钱要怎么花是个人的自由,问题是你害羞是不是爸妈的错?有没有爸妈被冤枉呢?世上许多害羞的权威穷尽一生,告诉了我们一个不知道算不算答案的答案,那就是一半一半。

不过有一点倒是可以确定,那就是受到父母过度保护的孩子,是变得害羞的高危群体。有项研究名为"焦虑的开展:控制在生命早期所扮演的角色",里面有项结论是:

父母过度干预甚至掌控孩子的活动或决定，会影响下一代面对所处环境的自信与自主能力。

——《心理学公报》美国心理学协会刊物
（*Psychology Bulletin*）

如果我两个多年的好友早点儿知道这点就好了。史蒂夫和莉蒂亚是一对璧人，育有独生子蓝尼。蓝尼出生以后，莉蒂亚就被判定不能再生育，于是夫妻俩就把他捧在手心。我不论什么时候去找他们，当时才3个月大的蓝尼只要一哭，莉蒂亚不管跟我聊到哪里，都会立马冲过去抱他，她哄小蓝尼的"童言童语"一时间回荡在整间客厅。"尼尼，是哪只坏熊熊跑来咬我的心肝宝贝？妈妈在这里，不哭不哭。"

说真的，如果她不是我朋友，我真的可能会说脏话骂人。当然我不是什么斯巴达的信徒，也不会把小孩锁在房间里让他哭到死，但我肯定不会因一点儿风吹草动就给自己下12道金牌。

等蓝尼8岁了，不再那么怕坏熊熊以后，我跟莉蒂亚终于有机会到外面的餐厅吃了几次饭，蓝尼作陪。结果成年人的对谈还是不敌小王子打个嗝，只消殿下一点点不开怀，太后马上就会嘘寒问暖："蓝尼你还好吗？是不是可乐气太多了？还是你想改喝柳橙汁？"

对太后的关怀，蓝尼殿下下诏云："我讨厌柳橙汁，我讨厌柳橙汁，我讨厌柳橙汁。"（作者按：我没有不小心按到复制键上。）

我差点儿没把饭给喷出来。"你下次要不要把蓝尼放在家里啊？我可以推荐你一个保姆，靠得住又会煮东西，钱我也帮你出。"

"我不要保姆啦！"小皇帝又下旨了。（已经听得出情绪了。）

莉蒂亚往我这靠了靠，似有顾忌地低声说："蓝尼不喜欢保姆。"

"看得出来。"我没好气地说。

"那我要喝什么？"蓝尼插话是不用挑时间的。

好了，我虽然不是他妈，但我真受不了了。虽然跟8岁小孩计较有点儿幼稚，但8岁小孩很了不起吗？于是我狠狠地瞪着他说："蓝尼，你怎么不自己问服务生？"

莉蒂亚跟史蒂夫只当我在开玩笑，面无愠色地挥了手让服务生过来。蓝尼看了他妈咪一眼，大声宣布："我要沙士。"听得很清楚的莉蒂亚转头对同样听得很清楚的服务生复述了一遍："他要沙士。"

"服务生没聋。"我咕哝着。

蓝尼现在怎么样？

后来这一家三口搬到密歇根州，所以我有10年没见到这三个"活宝"。但最近我刚好到底特律演讲，就顺便给他们打了通电话，约在餐厅见面，结果出现的是史蒂夫、莉蒂亚，没有蓝尼！

开心归开心，我还是问了究竟怎么回事，结果愁容满面的这对夫妻互看了一眼，发言人依旧是莉蒂亚。她开口说："他不想来。"

但我嘴巴上还是客套地说了一句："真可惜！"

接下来的一个小时，史蒂夫和莉蒂亚跟我只有一个话题，就是在我这位先知面前抱怨蓝尼"不善与人交往"。他们说蓝尼不交朋友，不去活动，都18岁的人了，还没约过会。他的感觉就是害羞，然后他老觉得别的孩子不喜欢他。"所以我们让他在家自学。"

我得用很大自制力才没有第一时间说出真话，但事实就摆在眼前。我的两位朋友把孩子伺候得太周到了，什么天马行空的欲望都满足他，结果就剥夺了孩子学习社交的机会与独立自主的勇气！

去车阵里玩！

当然这只是一种比喻，没有正常的父母会真的教小孩去做这种事情。我想说的是，父母要给孩子机会去挑战自己，去置身险境。假设你和你6岁的孩子比莉在餐厅，她的面前上了一道马铃薯佐酸奶和一般的奶油。问题来了：小比莉喜欢马铃薯，喜欢奶油，但她不喜欢大人口味的酸奶。

于是她开始说："妈咪，我不要有酸奶的，叫他们换一份。"妈妈们，这时候你应该这样回答她："比莉，你要不要自己跟服务生姐姐讲？我可以帮你喊她过来，但你想要怎样要自己说。"小孩会一天天长大，他们的能力也要一天天增强，这样你才是个称职的妈！

我和我妈很亲，这点也许是因为我爸死的时候我才两岁，而且我又是他们唯一的小孩。我不知道是什么时候开始的，直到我上小学的时候，我发现我妈好像比其他人的妈妈更呵护自己的小孩，我连单独过个马路到同学家玩都不行。不过小时候我倒不会觉得这有什么，毕竟她常常带我去看电影，我们放假也会到处去玩。我觉得这样也不错，至少不用和会欺负人的同学在一起，那些同学可能觉得我不跟他们玩是因为我自以为了不起。

高中时我变得很害羞，尤其是在男生面前，于是我妈让我去上一间规模不大的私立学校，一个班才五六个人。我现在34岁了，还跟妈妈同住。我几乎没有和男生交往的经验，因为太紧张的关系，所以人家约我我都说"不"。我知道自己需要改改，我需要被其他人看见，但行为和思维模式真的不容易打破。

——琳达，俄亥俄州卡洛顿市

爸爸会好一点儿吗？

恭喜恭喜，各位父亲！是的，一般而言，父亲的角色对孩子的成长是比较正面的，至少跟你太太比起来是如此无误。理由？OK，这是因为害羞的孩子被欺负了回到家里，你的反应比较可能是:"出去再打一次,要不就大声说出你的想法,叫对方不敢欺负你。"如果是妈妈,可能就会抱抱孩子,顺便跟孩子一起哭。

有研究显示父亲会推着孩子向前,要他们自己为自己出头,有些爸爸厉害到连科学家都摇头,但研究者也不得不说:狠一点儿才有用。

推着孩子改变,虽然看起来既不温柔也不体贴,却是父亲给儿子最好的礼物,最能帮助孩子离巢自主。

——《发展精神病理学》期刊
(*Developmental Psychopathology*)

把小鸟推下树枝,强迫它们飞翔,绝对不是因为大鸟不爱它们,而是因为真爱它们。父母跟孩子有种密不可分的联结,那里面有爱,有无话不说的权利,有互相依赖的需求,但在这些元素存在的同时,你也必须放手让孩子去做、去错、去摔、去试,这样才能培养出他们的自信。

Shybusters 技巧83

别把小宝贝当宝

父母： 爸爸和妈妈们，我知道你们爱孩子，但溺爱不是你们该做的事。让他们知道你们是他们的后盾，但这后盾的意思是他们应该出去闯闯，不需要有后顾之忧，而不是他们应该在家里躺着，衣来伸手，饭来张口。父母的责任是让他们循序渐进地独立，过程中给予他们鼓励，陪伴他们练习，让他们最终能成为完整的个体。

害羞宝宝： 你深受害羞之苦，你想要勇敢表达，你希望被人看见，你已经长大，也有资源去改善情况，更别说你比你当年的双亲更有能力与信息去教育下一代，所以如果未来你有孩子了，请你关爱但不要溺爱。

12
chapter

探索自我之旅

很多人被问到"你是谁"时,他们会说我是个母亲,我是中国人(美国人……),我是个太阳马戏团的团员,或者我是太阳花剧院的要角,又有人会说我是伊斯兰教徒或佛教徒等。

但等等,倒带一下。这些是你在家庭中的角色,是你的国籍、你的工作、你的宗教信仰,但这些不是你的全部。不论你的角色是什么,话说到底你是个人,而人是非常复杂的存在,是无法量化的存在,你有超越恒河沙数的思绪,有光速无法追赶的感情,更别说那些让你无以名状的东西。你是谁,你活着想要得到什么、做到什么,是值得你用一生追寻的答案,也是你能够不依赖他人,永远相信自己的坚强扶手。得到它,你就得到了永远摆脱害羞的能力。

我们现在就要一起去探索自我,之后你就可以准备毕业了。

每天花 5 分钟认识自己

早在 20 世纪 60 年代，科技已经让人类的视野跳出太阳系，探寻深邃的宇宙；如今，科技让我们得以回头看，我们开始探寻内心的小宇宙——康德不是说头顶的苍穹与内心的道德，让他永远思索不尽吗？好消息是用人类现有的神经显影技术，科学家可以在短短的一星期内就摸清大脑所有的区域，对你所有的记忆与感情完成定位。

不过话说回来，你应该不会想把秀发剃个精光，跑到实验室，把核磁共振的线头贴满整颗头，看看自己为什么老是会判断错误吧。我想也是。但你可以试试第二种方法，想办法增进对自己的了解也可以有效"打击"害羞，而且自知并不费事，可以说有相当高的作用。

害羞宝宝虽然老把焦点放在自己身上，但他们并没有因此发展出坚定的自我意识。多数害羞者并不了解自己，这事很可惜。你怎么能爱一个你不了解的人，即便这人就是你自己。

大多社交恐惧症患者总觉得自己缺了什么，他们始终不满意自己。

——《沟通教育》
(*Communication Education*)

先确认一下你有多了解自己

你的自知也许不够，但也绝对不会是一无所知……

- 你知道自己害怕什么（技巧16），你已经把各种害怕的人、事、物按严重程度排序（技巧18）。
- 你知道遇到社交场合，你的表现其实没有自己想象中那么糟糕（技巧14）。
- 你知道大家对你的评价其实比你想象中的要高（技巧9）。
- 你知道自己工作的里里外外（技巧36）。
- 你知道自己的脸部表情与微笑（技巧27）。
- 你知道自己的肢体语言（技巧44）。
- 你知道自己对日常话题的感受（技巧54）。
- 你知道自己对哪些话题是专家（技巧55）。
- 你知道自己愿意投注时间与精力的热情在哪（技巧55）。

在这样的基础上，我们现在要展开对自己最重要的探索，我在最低潮的时候了解到这项探索的重要性，我得说，没有这84种技巧，就没有今天自信、满足而幸福的我。

"自己，关于……你怎么想？"

自知就是认识自己，弄清自己对一堆重要事情的看法。

每天定好一个时间，只有一个人的安静时间，看你是要选刮胡子（腿毛）、喷香水，还是通勤的时候都行，睡前也可以。总之到了这个时间，请你访问自己，是的，角色扮演成广播节目的 DJ 来访问你的内心，问个触及你灵魂的问题，一个就行。而你回答前要深思熟虑，就算答案很明显、很清晰，你也要在这 5 分钟内坚持下去，让答案在你的心头深深刻印上去。

什么样的问题才够深刻，才能触及灵魂呢？我举几个例子：

我活在世上有没有意义？什么意义？

我信不信神灵？他在哪里？

荣耀、成功、家庭与友谊，对我来说是什么东西？

这样的自我访谈可能会长得像下面这个样子：

"自己，如果你中了大奖，有一笔钱可以捐出来做慈善，你会想让哪个团体受益？"

"嗯，这个嘛，自己，我从来没有想过这个问题，但每次看到有视力障碍的朋友我的心都会揪一下。我常希望他们能恢复视力，重见光明，当然我不是神灵，所以我做不到，但我想如果有钱捐一点儿给他们，也许帮得上忙吧，毕竟新的疗法研究需要钱,启明学校的运营也需要钱。"

"说得好,自己。"

"嗯,谢谢你,自己。但,嘿,这只是我个人的想法啦。"

"附录二"里有 100 个这种等级的问题,请自便,应该够你用几个月了。

> **Shybusters 技巧 84**
>
> ### 航向内心的小宇宙
>
> 每天花 5 分钟访问自己,就像主播访问来宾那样。好好回答自己问自己的每一个问题,你会从中获益良多,你会更清楚自己是谁,也更贴近自己真正的感觉。你听着自己的回答,你会知道你是条汉子(或是个好女人),这样的自我肯定绝对可以增强你的自信。
>
> 自知带来的自信虽不至于无与伦比,但也确实难以言喻。你以后就不会怕回答困难的问题了,因为再尖锐、再难堪的问题你都已经在镜子里面对过了——你已经刮过自己的胡子了。

知道自己是谁、想要什么,知道自己在此时此地做些什么,知道自己存在的意义,人生夫复何求。有这样的信念坐镇在你心里,你就永远不会再因为严肃的话题而不知所措。你不会再需要随机应变或且战且走，因为你早就拟好全方位的战略了。你将能侃侃而谈，左右逢源，欲罢不能。

"附录二"中的100个问题不是风景的全貌，而只是冰山一角。做完这100题，你得自己再写一些出来，你可以想想和自己生活相关的人、事、物，从中撷取灵感，比方说大嘴巴的小叔，我真的有那么讨厌他吗？然后也许你会恍然大悟他话是多了些，嗓门是大了点儿，但小叔其实还算是个好人啦。

愿你能勇敢自在表达

我想跟大家说说那天晚上,我怎么知道自己"好了"。痊愈的那晚,我的朋友达菲跟我在飞往伦敦的客机上值班,休息时我们在小厨房里聊天,然后达菲说她觉得我很棒。

"棒什么?"我笑了。但其实我知道答案,我知道我现在可以看着乘客的眼睛,毫无惧色地问出:"您要来点儿咖啡吗?还是想喝茶?"(咖啡?茶?这样的短句在当年还不时兴,老派的空姐都说整句。)

我已经觉得自己是个优等生了,但在伦敦等班的时候,达菲这位老师还是闲不下来,又露出了要给我出难题之前的那种表情。

"嗯。"我看似紧张地说,但这时我其实已经不怕了,在达菲的帮助下我按部就班走出了害羞的蚕茧。总之,达老师轻声细语地念出了那晚的课题:"我们今晚出去,你要像那天对我妈的希腊朋友一样对待今晚遇到的任何一个人,你要拿出吃奶的力气,展现最亲切版本的莉尔。"

对这样的要求我并不以为然,因为我已经有信心了。"没问题,达菲,就照你的意思。"

调好时差,购完物,吃了点儿东西,我们就算是准备好了。万事俱备的我们跳上了伦敦注册商标的红色双层巴士,但这时达菲都还没说出我们要去哪里。每站我都会把脸贴着窗问:"到了吗?"

"非也。"

"这里?"

"非也。"

眼看着下一站是公园巷的花花公子俱乐部。

"不会是这里吧?"我半开玩笑地说。

"就是这儿!"

我差点儿没从座位上摔下来。"不行不行,达菲,我不进去。"

她没给我选择。"你给我下车。"

"女生不戴兔尾巴可以进去吗?"我信心全消,语无伦次,但不知不觉我已经被拉到门口。

绕着绕着,服务员引着我们到了座位上,这时我注意到几位男士原本在看兔女郎的绒毛尾巴与丝缎长耳,慢慢地竟也不时开始扫射我们这边。有了在希腊餐厅培养出的信心,我坐正并拢了拢头发,对几个顺眼的男生笑了笑。

从家兔到野兔

有个兔女郎可能注意到我很嗨,所以在优雅上饮料的时候小声对我说:"你要兔耳朵的话我还有多的。"

有人这时倒抽了一口冷气,但那人不是我,而是达菲。"嘿,冷静点儿。"紧张的反而变成达菲。"你会不会太过了?"

说真的可能有一点儿,但我觉得很刺激。我原是只误闯森林的小白兔,原本只能在万圣节晚上脸戴面具,和小朋友一起沿街要糖果,这会儿却在花花公子的夜店里戴着兔耳朵搔首弄姿。我想跳舞,想大喊我不害羞了,我自由了。

这一刻,我脑中涌现的一个念头是要给达菲办一场惊喜的生日派对。想办活动这是我人生第一回的感觉,我真的好了,真的可以自在表达,也能被人看见了。

那天晚上,一整个晚上,好几个男士来我们这桌聊天;达菲趁他们去帮我们点饮料的时候撇过头来说:"真不错,你是真的害羞还是连我都被你给忽悠了啊?"

我给她使了个眼色,"我的活泼都是假装的。"其实我没有,那天以后就再没有了。

一试定终身

想想你考过的联考、托福,乃至于礼仪师、丙级厨师、乙级水泥匠等各种考试。如果这些东西可以考,可以用测试来证明你的能力，那为什么不能用考试来证明你不害羞呢？我连考试科目都想好了：一、装样子让大家注意你；二、帮自己办一场毕业典礼。

> **Shybusters 技巧 85**
>
> **做害羞测试**
>
> 乖乖服下所有的特效药（技巧）以后，你现在可以出去玩了，想红的话就趁现在。不要给自己设限，底线只有人身安全。傻就尽量傻，疯就尽量疯，你没看有自信的人都又傻又疯吗？
>
> 计划一下，看是同事生日要热闹一下，还是请办公室的男生来家里一起看超级杯实况转播。谁知道呢，也许在觥筹交错或谈笑风生中就有你的成功，不知不觉中，你也许就能从听到派对就害怕到发抖，蜕变成想到派对就兴奋到发抖，你会从害怕得没话可以说，变成害怕有话没的说。你的心跳会放慢，心情会变嗨。

不能一次成功，不用灰心，有些药本来就得吃两次，我相信你很快也能从害羞学校毕业，很快也能戴上属于你的方帽，那可能是副兔耳朵，可能是棒球帽，是毛帽，是头巾，是皇冠，或什么都不是；你可以大声呼喊，也可以很沉得住气，因为你自由了，所以你可以选择，你终于知道别人怎么想，有没有听到都没有关系，从此你在乎的，只有你内心那个充满自信的自己，自己，才是你这辈子的唯一。

附录
APPENDIX

附录一：雪柔的来信（全文）

亲爱的莉尔：

我这辈子都在和害羞奋战，我每天醒着，都觉得自己的节奏和别人不一样。我看到同学和同事那么乐于跟人聊天，有空就到处串门或约出去玩，其实都觉得还蛮不可思议的。我比较喜欢只有一两个很好很好的朋友，喜欢和她们在比较私下的环境里聊深一点儿。我倾向于退到幕后，对一个课题深思熟虑以后再发言，我不懂其他人怎么能随时随地都大放厥词；有些朋友慢慢熟了，会告诉我他们对我的第一印象很差，因为我看起来冷漠、高傲、独来独往，要不是后来有机会变熟，甚至变成很好的朋友，他们可能对我的印象会一直差下去。我很聪明，学生时代始终名列前茅，现在生意也做得很好。我真的喜欢跟人打成一片，我只是不太会社交，这算是我的一个缺点吗？几年前我开始自我探索，开始对自身的处境展开思考与研究，我得到的结论是害羞是一种症状，是果，而内向是因。内向不是病，甚至是一种优点，但外向崇拜的世界确实把内向看成一种残疾。为了求取工作上的表现，毕竟我选择的行业需要非常外向，需要一天到晚和人说话，我摸索出了几样事情，这让我内向归内向，但不至于对工作有太大影响。

我没有问题，我没有病，这工作很多地方需要我的内向，所以我不需要也不应该改变自己。我只需要加强和同事的互动与沟通。

我学会了暂时性地外向来配合工作上的需求。如果预见有讨论或冲突需要我短暂地外向一下，我会在心里或用写的先演练好，但"外向"完之后我必须另外安排一段时间来沉淀调和心情，这样我的心情才能恢复平衡。

我必须评估客人的状况，并按照评估的结果与之互动，客人大多是外向的，我不能期待顾客配合我，而必须由我来迎合客人，这样双方才能有好的沟通。

我会把自己放在不得不锻炼自己外向性格的处境中，比方说我会志愿当任务或企划的组长来练习与人沟通协调。开会的时候我会强迫自己发表意见，而不要只是呆呆地听。

我会找方法，去问问看有什么办法可以让我和外向的朋友一样乐于闲聊。遇到有需要的时候，我就能用这些方法来成为一个假性外向的人。而且通常万事起头难，只要能聊起来，我就可以把找话题、延续话题的重责丢给和我聊天的人，对方多半都比我活泼外向。

我鼓励孩子外向，为此我希望他们有时候稍微勉强自己一下。但同时我也要他们多理解生活中遇到的比较内向的孩子，就像他们理解内向的妈妈一样。我要他们知道人生不是只有一种选择，有人选择动多一点儿，有人选择静多一点儿，如此而已，无分高低。

谢谢你写了这么多好书，包括害羞的书，身为你的读者我获益良多，也期待你有更多新作。

雪柔·莫斯崇（Cheryl Mostrom）

附录二：自知一百问

1. 我理想中的伴侣关系是怎样的？
2. 排队的时候我最常想什么？
3. 我最自豪的优点有哪些？最自卑的缺点又是哪些？
4. 如果中了大奖，我要怎么花这笔钱？
5. 我上次吵架是和谁？为了什么？对方说得有没有道理？
6. 我喜欢小孩子的什么地方，不喜欢小孩子的什么地方？
7. 身体外观上我觉得自己哪里最好看？哪里最碍眼？
8. 我最认同的政治或社会主张是什么？我最支持的慈善活动是什么？
9. 尊严或荣誉对我来说意味着什么？我是个有尊严、有荣誉感的人吗？
10. 我认知中的神或上帝是谁？或是什么？
11. 对我来说成功的定义是什么？我成功吗？
12. 父母对我的影响是什么？兄弟姐妹或其他亲戚对我的影响又是什么？

13. 如果只剩几个月可活，我要干什么？
14. 艺术对这个世界有什么意义？对我又有什么意义？
15. 每个人多少都会说谎，我同意吗？我是否觉得每个人都是大说谎家？
16. 我最好的朋友是谁？为什么？
17. 我是早起鸟还是夜猫子，还是不早不晚刚刚好？我每天什么时段最有精神？
18. 如果能任选一个时代生活，我会怎么选？理由是什么？
19. 何谓忠诚？我忠诚吗？
20. 宇宙的起源是什么？我怎么看？
21. 我觉得自己的国家在世界上有什么样的影响力？这影响是好还是不好？
22. 我认为自己高龄后的生活会如何？
23. 我对工业发展与空气污染有什么看法？
24. 我对工作最满意的地方是什么？最不满意的地方又是什么？
25. 如果钱不是问题，我会想收集什么？
26. 我觉得死后是什么情形？
27. 我最喜欢的电影、电视节目各是什么？为什么？
28. 如果可以搬离目前的城市，换到世界上任何一个城市居住，我会选哪里？
29. 我对地球目前的环境有什么看法？
30. 大多数恋爱失败的主因是什么？
31. 我信宿命论吗？人真的有自由意志吗？
32. 什么事情会让我发飙？为什么？
33. 我认为计算机未来会发展成什么模样？网络呢？

34. 什么样的人可以当领导？我能带人吗？

35. 我最喜欢的书是哪本？谁写的？我喜欢的原因有哪些？

36. 我喜欢住在城市还是乡下？原因是什么？

37. 现在或过去的公众人物里，我最佩服谁？

38. 日常生活中，亲朋好友中我最佩服谁？

39. 何谓修养？我算有修养吗？

40. 我最爱的 10 个网站是什么？理由是什么？

41. 我如何看待能增进人类福祉的动物试验呢？

42. 我童年快乐吗？

43. 我觉得人脑的潜力到哪？

44. 有人出钱让我出国玩一个地方，我想去哪里？

45. 如果能出名，我希望是因为什么事情出名？

46. 对我来说真正重要的是什么？家庭？工作？朋友？还是别的东西？

47. 我喜欢吃啥？不敢吃啥？我会做饭吗？

48. 我最喜欢的歌是哪首？歌手是谁？乐团是哪个？理由分别是什么？

49. 现在这个年纪有什么好处跟坏处？

50. 我觉得网络时代长大的小孩会有什么不一样？

51. 我对小报或八卦周刊卖那么好有什么看法？

52. 我希望改变自己什么？选三样。

53. 我最怕什么？

54. 我赞成婚前同居吗？理由是什么？

55. 我看得出别人说谎吗？怎么看出来？

56. 我做事情会拖拖拉拉吗？我什么事情会拖？原因是什么？

57. 我对打坐有什么看法？

58. 双亲家庭的孩子才能健康成长，我同意吗？

59. 若能改变生命中的一件事情，就一件事情，那会是哪一件？

60. 我有哪些梦想？这些梦想有什么意义？

61. 古代先哲的言论对现代人有用吗？我怎么看？

62. 我对同学会有什么看法？

63. 我有什么瓶颈吗？怎么突破？

64. 音乐在我的生活中扮演什么角色？

65. 我对电视上的暴力有什么态度？

66. 我喜欢狗还是猫？还是我想养另类一点的动物当宠物？

67. 我对婚姻制度有什么看法？

68. 我对自己的婚姻状态怎么评价？满意吗？有改善空间吗？

69. 我迷信吗？对什么东西迷信？怎么开始的？

70. 我第一份工作是什么？对我有什么特别的意义吗？

71. 我有特别怕的东西吗？幽闭恐惧？惧高？还是怕黑？

72. 地球人口应该稍加限制吗？

73. 我相信存在无条件的爱吗？

74. 如果我得跟一样东西关在一起生活，就一样东西，我会带什么？理由是什么？

75. 我认同人性本善还是本恶？为什么？

76. 植入性广告该不该禁？原因是什么？

77. 我最喜欢从事的运动是什么？最喜欢看的运动又是什么？我喜欢的点各在哪里？

78. 电视新闻我相信多少？报纸呢？

79. 我们应该立法保障国货，限制进口货吗？

80. 选举真的民主，真的公平吗？理由是什么？

81. 我相信热门的减肥法有用吗？

82. 哪位世界领袖对人类的贡献最大？

83. 我最想学会的外语是什么？为什么？

84. 吃肉和吃素，我各有什么看法？

85. 我怎么看待安乐死？

86. 家谱一定要知道吗？

87. 我最喜欢的电视节目是什么？原因是什么？

88. 我最喜欢的话题是什么？

89. 我父母快乐吗？

90. 我相信有来生吗？理由什么？

91. 我对堕胎与生命权的立场是什么？

92. 网络上有真爱吗？

93. 我对现行教育体系的评价是怎样的？理由是什么？

94. 我对每位家人的真心话是什么？

95. 我快乐吗？理由是什么？

96. 我满意目前的性生活吗？理由是什么？

97. 一般人多少岁退休最好？我自己呢？

98. 我出门喜欢坐火车、坐飞机、坐大巴，还是自己开车？理由是什么？

99. 我最爱的人是爸妈？兄弟姐妹？情人？挚友？还是其他人？原因是什么？

100. 我对自己现在的生活评价如何？

致谢
THANKS

  我想给书中所有愿意说出自己困扰的人大大的感谢，很感谢你们抽出时间来和我们分享自己的内心世界，我觉得很有用，我相信读者也会有同感。我希望这本书能对你们有帮助，更希望大家的故事都能有童话般的结局。

  我特别要感谢我超强的编辑，麦格劳-希尔集团（McGraw-Hill）的茱蒂斯·麦卡锡（Judith McCarthy），还有帮我整理文案的丽莎·史特拉克斯（Lisa Stracks），没有你们我整合不了各种构想，更别说那些东一个西一个的标点符号。